Wenn der Vater
mit dem Sohne ... singt

Das Songbook der Väter

Für Adrian
Singen ist die beste Art, wieder Kind zu sein.

Peter K. J. Birlmeier, 1965 in München geboren, ist als Diplomingenieur im Projektmanagement, als Produzent und Regisseur im Showbereich und Buchautor tätig.
1988 gründete er südlich der bayerischen Landeshauptstadt das „Münchner Sporttheater-Ensemble". In diesem Rahmen hat er als Autor 14 Bühnenstücke geschrieben und diese als Regisseur inszeniert. Seit über 30 Jahren kreiert er mit seinen Theaterproduktionen fantastische Welten. 2019 veröffentlichte er seinen Debütroman „Ronny Smith".
Singen mit Kindern ist etwas Herrliches. Doch wenn die entsprechenden Textzeilen nicht mehr parat sind, muss eine ganz spezielle Liedersammlung griffbereit sein.

Herzlichen Dank an:
Manuela, für die Erstkorrektur und das Bild „Die Kuh".
Anna, die für das Abschlusslied „Die Kuh" die Noten setzte.
Adrian und die Nachbarskinder Aurelie und Leonie, mit denen ich die Songs ausprobierte.

Peter K. J. Birlmeier

Wenn der Vater
mit dem Sohne … singt

Das Songbook der Väter

Wer singt, stellt nichts an!

© 2022 Peter K. J. Birlmeier

Herstellung und Verlag:
BoD – Books on Demand, Norderstedt

Einbandgestaltung: Pidi, alias Peter Birlmeier

ISBN: 9783756828876

MIX
Papier aus verantwortungsvollen Quellen
Paper from responsible sources
FSC® C105338
FSC
www.fsc.org

INHALT

Zum Buchtitel

Der Filmklassiker aus dem Jahre 1955 „Wenn der Vater mit dem Sohne", mit Heinz Rühmann in der Hauptrolle, stand Pate für den Buchtitel. Natürlich singt der Vater nicht nur mit dem Sohne, sondern genauso mit seinen Töchtern. Übrigens habe ich die Lieder nicht nur mit meinem eigenen Sohn, sondern auch mit den Nachbarstöchtern ausprobiert und ich muss sagen, sie kamen allesamt hervorragend an.

Prolog

Warum ein Songbook und dann auch noch eins ohne Noten?

Beim Spielen mit meinem Sohn führen Stofftiere absurde Gespräche, bauen wir wilde Rennbahn-Parcours, verstecken uns in Deckenhöhlen vor Geistern und Monstern, basteln mit Holz, bauen ein Baumhaus, Rutschbahnen, Seilbahnen, kleben, schrauben und nageln, balgen uns, malen bunte Bilder und vieles, vieles mehr. Jeden Tag fallen uns neue Dinge ein. Jedes Spiel ist anders und oft entstehen die komischsten Situationen. Nicht selten fällt mir dann ein passendes Lied ein, das ich dann lauthals anstimme. Doch meistens kenne ich nur einzelne Textpassagen und ich ärgere mich, nicht zu wissen, wie der Song weiter geht. Dann frage ich Adrian, ob er Lust hat, mit mir das Lied auf You-Tube anzusehen/anzuhören. Kaum ist das Video zu Ende kommt ein „Nochmal!" und dann wieder ein „Nochmal!" So singen und schauen wir das Video einige Male und lernen ganz nebenbei ein neues Lied.

Lieder begleiten uns bei allen Lebensabschnitten. Wir speichern damit oft Erinnerungen ab. Eine Generation kennt meist nur die Lieder ihrer eigenen Zeit. Wie schön ist es aber, einen ganzen Blumenstrauß an Liedern zu kennen, die auch die Songs der Großeltern und Eltern enthalten, die deren Leben prägten. Lieder, die nicht von Generation zu Generation weitergegeben werden, geraten in Vergessenheit. Es wäre doch schön, wenn Kinder nicht nur die

Kindergartenlieder trällern, sondern auch mal den Gassenhauer des Opas, das Lieblingslied der Mama oder den geliebten Rock Song des Papas zum Besten geben könnten. Dieses Songbook ist eine Anregung, mal wieder in der eigenen Erinnerung zu kramen und mit den Liebsten, die Songs dieser Zeit zu singen.

Meistens, wenn mich ein Ohrwurm plagt, reicht es auf einem Videokanal den Titel einzugeben und schon ist die Melodie da und den Text, den findest Du zum Beispiel hier im Buch.

Sechs Jahre sind nun seit der Geburt unseres Sohnes vergangen. Sechs Jahre voller Abenteuer. Sechs Jahre, in denen ich mich selbst an meine eigene Kindheit zurückerinnert habe. Sechs Jahre, die in den folgenden Anekdoten und Liedern widergespiegelt werden.

Viel Spaß beim gemeinsamen Singen und Lieder entdecken!

Landung auf dem blauen Planeten

Aus dem Logbuch einer Schwangerschaft. Sternzeit 24.01.2016, Sternzeichen Wassermann.

Völlig losgelöst von der Erde schwebte Käpt´n Adrian seit 9 Monaten in seiner Raumkapsel. Er war lediglich über eine Nabelschnur mit seinem Mutterschiff verbunden. „Die Sternenkonstellation ist günstig, der Mond steht im Vollmond! Das sind perfekte Bedingungen, um nun endlich die Landung auf dem Planeten Erde zu wagen!", ging es ihm durch den Kopf.

Vor Wochen hatte er sich schon in eine günstige Position für seine Mission gebracht. Kopfvoraus wollte er durch das enge Schleusensystem navigieren. Der nötige Vortrieb für dieses schwierige Manöver sollte durch die Kontraktion der Gebärmutter erfolgen. Seine Idee war dabei das „Zahnpasta-Tuben-Prinzip", genannt ZTP-Technik. Wird die Tube von außen gedrückt, so flutscht die Zahnpasta zum Ausgang. Ja, dies würde die Methode sein, mit der Babynaut Adrian den Schleusenausgang erreichen wollte.

„Käpt´n Adrian an Mutterschiff! Ich leite nun Phase 1, die Eröffnungsphase ein!"

Wie wild produzierte er das Surfactant-Protein-A. Er schüttete eimerweise das Eiweiß aus und schlagartig wurden Wehen im Mutterschiff ausgelöst.

„Das gesamte Manöver ist sehr kompliziert und dauert in der Regel im Erstversuch 13 Stunden.", überlegte Adrian, „Aber nicht ohne Grund nannte mich das Volk der Sperma <Ad Buzz Lightning>. Ich habe schließlich die Lizenz für Lightspeed und fliege ein Schiff der Olympia-Klasse! Ich schaffe das in drei Stunden!"

„Käpt´n Adrian an Mutterschiff, bitte bereit machen für die Phase 2, die Übergangsphase."

Adrian benötigte nun eine sehr hohe Wehen Frequenz und starke Kontraktionen, um Kopf voraus in das Becken des Mutterschiffs eintauchen zu können. Hierzu musste er eine 90-Grad-Drehung durchführen: Zunächst schaute er auf die rechte Hüfte des Schiffes, um in den querovalen Beckeneingang eintreten zu können. Während der

Übergangsphase drehte er sich dann mit dem Gesicht nach unten, in Richtung Steißbein.

„Außencrew an Käpt'n Adrian! Achtung, wir lassen nun die Fruchtblase ab, damit das Landemanöver eingeleitet werden kann. Entspannen sie sich und lassen sie sich vom Sog mitreißen. Die Punktion erfolgt in 3, 2, 1 Sekunden."

Das gelb-grünliche Fruchtwasser rauschte plötzlich an ihm vorbei und erzeugte dabei eine gewaltige Strömung, die ihn wie eine Toilettenspülung in Richtung Schleusenausgang zog.

„Adrian an Gebärmutter! Volle Kraft voraus, ich bin nun bereit für die Phase 3, die Austreibungsphase!"

Die große Schleuse, genannt der Muttermund, hatte sich nun vollständig eröffnet. Die durchschnittliche Frequenz betrug nun 7 Wehen in 15 Minuten. Der Babynaut Adrian war nun mit seinem Kopf tief in das Becken eingetreten und drückte auf das Abwassersystem des mütterlichen Schiffes. Der große Druck auf den Darm hatte zur Folge, dass beim Mutterschiff nun reflektorisch ein Pressdrang ausgelöst wurde. Das Schiff schaltete dadurch automatisch von Eröffnungswehen auf Presswehen um. Der Turbo Booster wurde aktiviert, der nun die uterinen Kräfte mit jenen der Bauchmuskulatur verstärkte.

„Adrian an Mutterschiff! Ich kann ein Licht am Ende des Tunnels erkennen!"

Kaum hatte er diese Meldung abgesetzt, erfasste ihn eine Wehe der Tornadoklasse, die ihn mit voller Wucht gegen den Beckenboden presste, so dass sein Kopf stark gestaucht wurde.

Adrian an die Außencrew! Ich habe ein Problem. Der Ausgang ist viel zu klein. Es ist, als würde ich mit dem Kopf durch eine Wand gehen müssen!"

„Außencrew an Adrian! Haben verstanden! Das Spezialeinsatzteam wird den Tunnelausgang größer schneiden."

Dr. Talsky vom Bergungskommando des 3. Ordens zückte die Bergungsschere und nahm den Dammschnitt vor.

Sekunden vergingen, die sich wie Lichtjahre anfühlten, doch dann kam die nächste, ersehnte Wehe. Der Kopf des jungen Babynauten wurde durch den Beckenboden geschoben. Nach einer kurzen Wehenpause machte Adrian eine weitere 90-Grad-Drehung, so dass er nun nach links schaute und die Schultern aus dem längsovalen Beckenausgang austreten konnten. Kaum waren diese durch den engen Kanal geflutscht, folgte unmittelbar der Rest des Körpers, der vorsichtig von der Bodencrew in Empfang genommen wurde.

Erdzeit 14:41 Uhr: Käpt'n Adrian, Peter, Josef Birlmeier setzte auf dem Boden der Erde auf.

Die Geburt meines Sohnes war das fantastischste Abenteuer meines Lebens. Wenn ich daran denke, will mir ein Lied nicht mehr aus dem Kopf gehen:

♪ Major Tom (völlig losgelöst) [Videoversion]

1982, Peter Schilling

Gründlich durchgecheckt steht sie da
und wartet auf den Start – alles klar!
Experten streiten sich um ein paar Daten.
Die Crew hat da noch ein paar Fragen,
doch der Countdown läuft.
Effektivität bestimmt das Handeln.
Man verlässt sich blind, auf den andern.
Jeder weiß genau, was von ihm abhängt.
Jeder ist im Stress, doch Major Tom
macht einen Scherz.

Dann hebt er ab und
**völlig losgelöst von der Erde
schwebt das Raumschiff,
völlig schwerelos!**

Die Erdanziehungskraft ist überwunden.
Alles läuft perfekt, schon seit Stunden.
Wissenschaftliche Experimente,
doch was nützen die, am Ende denkt
sich Major Tom.
Im Kontrollzentrum, da wird man panisch.
Der Kurs der Kapsel, der stimmt ja gar nicht.
„Hallo Major Tom, können Sie hören?"
„Woll'n Sie das Projekt denn so zerstören?"
Doch, er kann nichts hör'n.

Er schwebt weiter
**völlig losgelöst von der Erde
schwebt das Raumschiff,
völlig schwerelos.**

Die Erde schimmert blau, sein letzter Funk kommt:
„Grüßt mir meine Frau!", und er verstummt.
Unten trauern noch die Egoisten,
Major Tom denkt sich: „Wenn die wüssten!"

Mich führt hier ein Licht durch das All.
Das kennt ihr noch nicht, ich komme bald.
Mir wird kalt!

**Völlig losgelöst von der Erde
schwebt das Raumschiff
schwerelos.
Völlig losgelöst von der Erde
schwebt das Raumschiff
schwerelos.
Völlig losgelöst von der Erde
schwebt das Raumschiff
völlig schwerelos.**

„>Major Tom< ist ein Lied des deutschen Sängers **Peter
Schilling** (*28.01.1956 in Stuttgart). Es wurde im November 1982 in Europa als Major Tom (völlig losgelöst) und im
September 1983 in englischer Sprache unter dem Namen
Major Tom (Coming Home) auch in den USA veröffentlicht. Mit diesem Lied gilt Peter Schilling als einer der erfolgreichsten Interpreten der Neuen Deutschen Welle. Als
Mitproduzent und Gitarrist fungierte Armin Sabol."[1]

Faszination Weltall
Der Mond, die Sterne, die Sonne, das Weltall und ferne Galaxien haben seit jeher eine unglaubliche Anziehungskraft
auf die Menschheit.
Adrians erste Bilder zeigten Sonne, Mond und Sterne. Geschichten und Videos über die Raumfahrt oder die Sendung mit der Maus zum 50. Geburtstag mit Astronaut Alexander Gerst als Überraschungsgast, erzeugten bei Adrian
große Augen.

---

[1] Seite „Peter Schilling". In: Wikipedia – Die freie Enzyklopädie. Bearbeitungsstand: 12. August 2021, 11:14 UTC.
URL: https://de.wikipedia.org/w/index.php?title=Peter_Schilling&old
id=214700196 (Abgerufen: 24. August 2021, 18:59 UTC).

Das Lied vom ratlosen Rudi, der als Bordcomputer das Raumschiff von Captain Starlight steuert, gehört zu seinen Lieblingsliedern. Das Musikvideo dazu haben wir uns unzählige Male auf YouTube angesehen.

♪ Captain Starlight
1979, Frank Zander

Alarmstufe rot! Alarmstufe rot! Explosion in der Reaktorkammer. Ausfall der Transmitter vier und fünf. Evakuierung der Mannschaft von Sektor D nach Deck A. Hallo Jungs, hier spricht Euer Computer DX 4...309, genannt der ratlose Rudi. Übernehme jetzt Koordination der Rettungsmaßnahmen.

Hallo Heimatbasis, wir hab'n euch verloren,
unser Hauptcomputer fliegt uns um die Ohren,
Feuer ist an Bord
und wir treiben immer weiter fort.

Nur keine Panik, euer Rudi wird das Kind schon schaukeln.

In den Selektoren, schmor'n die Transistoren,
ohne Eure Hilfe sind wir hier verloren,
holt uns schnell hier raus,
bringt uns auf den Kurs zurück nach Haus'.

Nur Mut, nur Mut, ihr könnt mir vertrau'n.
Nach meinen letzten Berechnungen sind wir genau in 578 Jahren und 3 Tagen wieder zu Hause.

Hey Captain Starlight, wo geht es hin?
(Tja, berechtigte Frage.)
Wir rasen mit dem gottverfluchten Schiffswrack durch die blauen Galaxien.
(Na, na, nur nicht übertreiben.)

Hey Captain Starlight, was soll'n wir tun?
(Am besten gar nichts.)
Wir sind doch viel zu jung, um jetzt schon auf dem Kosmos-Friedhof auszuruh'n!
(Lebenserhaltungssysteme negativ!)
Die Mannschaft will nach Hause,
Himmelherrgott, was soll´n wir denn nur tun?

Mit eurer ewigen Flucherei kommen wir auch nicht weiter.
Verhaltet euch ruhig und überlasst alles andere mir, denn nicht umsonst bin ich einer der teuersten und fähigsten Computer.
Nach meinen absolut zuverlässigen Berechnungen beträgt eure derzeitige Rettungschance genau ... Promille!
Ich hab', ich hab', ich hab' was abgekriegt.

Keine Funkverbindung, keine Instruktionen.
Jeder neue Countdown, ohne Reaktionen.
Was wird nun gescheh'n,
werden wir den Mann im Mond je wieder seh'n?
(Seit wann interessiert ihr euch für Männer?)
Unser Notreaktor fetzt in tausend Stücke,
nur ein Trümmerhaufen, die Kommandobrücke.
Unser Heimatstern,
mehr als eine Ewigkeit entfernt.

Ruhe ja! We-, wegen der paar Meter macht man doch keinen Aufstand.
Besorgt mir lieber ein paar neue Transit, Transistoren,
sonst ist für Euch am 15. der 1.!

Hey Captain Starlight, wo geht es hin?
(Wer weiß, wer weiß?)
Wir rasen mit dem gottverfluchten Schiffswrack durch die blauen Galaxien.
(Heute blau und morgen blau)

Hey Captain Starlight, was soll'n wir tun?

Wir sind doch viel zu jung, um jetzt schon auf dem Kosmosfriedhof auszuruh'n!
(Mein Gedächtnis lässt nach)

Hey Captain Starlight, was wird gescheh'n?
(Ihr werdet schon seh'n.)
Muss mein 150 Jahre junges Leben jetzt zu Ende geh'n?
(150 Jahre sind alt genug.)
Hey Captain Starlight!
(Wir haben alle versagt!)
Hey Captain Starlight,
(Wir haben ja so versagt!)
wo geht es hin?
(Hänschen Klein, ging allein, ...)
Hey Captain Starlight!

„**Frank Kurt Zander** (*4. Februar 1942 in Berlin-Neukölln) ist ein deutscher Schlager- und Deutschpop-Musiker, Moderator und Schauspieler."[2]

Der erste Ausflug ohne Mama
Wenige Tage nach der Geburt wollte ich das erste Mal mit meinem Baby zu meinen Eltern fahren, um mit Ihnen und Adrian im Kinderwagen, spazieren zu gehen. Es war seine zweite Fahrt mit dem Auto. Die erste fand statt, als ich meine Frau und das Baby vom Krankenhaus abgeholt hatte. Aber nun startete ich die Jungfernfahrt mit dem Baby und mir allein. Ich fuhr wie auf rohen Eiern, kein einziges durfte durch eine zu große Beschleunigung oder zu hastigstes Bremsen brechen. Vermutlich war ich eine

---

[2] Seite „Frank Zander". In: Wikipedia – Die freie Enzyklopädie. Bearbeitungsstand: 11. Juni 2021, 05:21 UTC.
URL: https://de.wikipedia.org/w/index.php?title=Frank_Zander&oldid=212854894 (Abgerufen: 24. August 2021, 19:17 UTC)

Verkehrsbehinderung. Aber wenn man die wertvollste Ware der Welt im Auto befördert, will man nun mal kein Risiko eingehen. Bei den Eltern packte ich den neuen Kinderwagen aus, dessen Klappmechanismus mich beinahe zur Verzweiflung brachte. Lange Minuten später schob ich abwechseln mit meinen Eltern stolz den Kinderwagen durch die Straßen, in denen ich meine eigene Kindheit verbracht hatte. Spätestens als Adrian bei holperigem Untergrund lustige Jauchz-Laute von sich gab, war der Babysitter-Song gegenwärtig.

♪ Babysitter Boogie
1961, Ralf Bendix

Ich bin der Babysitter von der ganzen Stadt
und weiß, dass eins der Babys schon ein Hobby hat.
Es singt so gern den Babysitter-Boogie Boogie Song
und der geht: "Boogie" *brabbel*

Man hört, dass hier die Babys musikalisch sind
und vielmehr von Musik versteh´n als sonst ein Kind
und jedes Mal, wenn ich dem Kind die Windeln bind,
dann macht es: *brabbel*

Und wenn auch von den Babys keines mir gehört,
ich lieb' das Girl, das täglich sie spazieren fährt.
Denn beide sind so mollig, rund und wohlgenährt
und singen: *brabbel*

Mein Girl hat keinen Tag für mich alleine Zeit.
Zum Küssen fehlt uns meistens die Gelegenheit.
Weil immer dann das Baby in der Wiege schreit
und das geht: *brabbel*
Man hört, dass hier die Babys musikalisch sind
und vielmehr von Musik versteh´n als sonst ein Kind
und jedes Mal, wenn ich dem Kind die Windeln bind,
dann macht es: *brabbel*

Und wenn auch von den Babys keines mir gehört,
ich lieb' das Girl, das täglich sie spazieren fährt.

Denn beide sind so mollig, rund und wohlgenährt
und singen: *brabbel*

Doch wenn mal so ein Baby Dir und mir gehört,
werd´ ich es sein, der täglich es spazieren fährt,
dann sing ich mit dem Babylein den Babysitter-Song
und der geht: "Boogie" *brabbel*

„Ralf Bendix, eigentlich Karl Heinz Schwab, (* 16. August
1924 in Dortmund; † 1. September 2014 in Stansstad-Füri-
gen, Schweiz) war ein deutscher Schlagersänger, Produzent, Komponist und Texter."[3]

Der Nucki

Wenn die Alarmanlage des kleinen Adrians losging, war
mein Daumen wie ein Ausschalter. Er nuckelte daran mit
voller Kraft, so dass man schon befürchten musste, einen
Knutschfleck am Daumen zu bekommen. Irgendwann waren wir mit Schnullern ausreichend ausgerüstet und wir
konnten uns nicht mehr vorstellen, dass er eines Tages darauf verzichten würde. Ohne Nucki ging gar nichts.
So kreierte ich folgende Liedzeilen frei nach „Schnucki ach
Schnucki":

Nucki, mein Nucki,
ohne Schnulli spuck i!
Spucktuch in der einen Hand,
Windel voll bis an den Rand.
Und in der Pampas
schau ma mal, da rennt was.

---

[3] Seite „Ralf Bendix". In: Wikipedia – Die freie Enzyklopädie. Bearbeitungsstand: 13. April 2021, 09:51 UTC.
URL: https://de.wikipedia.org/w/index.php?title=Ralf_Bendix&oldid
=210887311 (Abgerufen: 30. September 2021, 18:30 UTC)

Nase zu, hau weg den Kack,
gib alles in den Sack.

Original, siehe unten

♪ Schnucki, ach Schnucki

1957, Interpret: Hermann Leopoldi, Text: Rudolf Skutajan

Ein Sioux-Indianer,
ein ganz ein dicker, klaaner,
sah eines Tages eine Squaw,
so jung und fesch, er war ganz baff!

Er folgte ihrer Fährte,
weil er sie so begehrte,
bis in das nächste Jagdrevier,
dort sprach er dann zu ihr:

„Schnucki, ach Schnucki,
foahr'ma nach Kentucky!
In der Bar Old Schetterhänd,
dort spielt a Indianerbänd!
Dann in die Pampas
auf a Flaschen Schampas, –
um halber achte geht der Zug!
Ich hab´ gesprochen, hough!"

„Das ist", sprach sie drauf ganz schnippisch,
„Für so an Wuiden typisch!
Ich geh doch nicht mit so an Gauch
mit einer Glatzen und an Bauch!
Anstatt mir nachzuschleichen,
kauf lieber mir an neichen,
an schicken Indianerschal
und dann sag noch einmal:"

„Schnucki, ach Schnucki,
foahr'ma nach Kentucky!

In der Bar Old Schetterhänd,
dort spielt a Indianerbänd!
Dann in die Pampas,
auf a Flaschen Schampas –
um halber achte geht der Zug!
Ich hab gesprochen, hough!"

„Lässt du dich nicht verführen,
dann werd ich dich skalpieren,"
sprach drauf zu ihr der rote Mann,
„weil ich das ausgezeichnet kann!
Sag ja, zum letzten Male,
sonst wirst am Marterpfahle
gemartert du an einem Baam,
bei mir in mei'm Wigwaam!"

„Schnucki, ach Schnucki,
foahr'ma nach Kentucky!
Um halber achte geht der Zug!
Ich hab gesprochen, hough!"

„Du willst mich wirklich martern?
Das sag ich meinem Vatern!
Wenn ich ihm schreib nach Idaho,
dann is´ er nächste Wochen do –
Als Häuptling der Komantschen
wird er dir eine pantschen!
Das will ich wirklich nicht riskiern,
drum lass ich mich verführn!"

„Schnucki, ach Schnucki,
foahr'ma nach Kentucky!
Um halber achte geht der Zug!
Ich hab gesprochen, hough!"

Minnesota
Hiawota
Manitou, der große Vata,
schuf die Liebe und den Suff!

Piffalapuff,
uff, uff, uff!

„**Hermann Leopoldi** * 15. August 1888 ... Wien, † 28. Juni
1959 Wien, ... war ein österreichischer Komponist, Kabarettist und Klavierhumorist."[4]

Schlafmusik

Dort wo man normalerweise in einem Haus das Wohnzim-
mer vermuten würde, haben wir unseren Sportraum ein-
gerichtet. Weit entfernt von einer schnöden Turnhallenop-
tik treffen wir uns seit nun schon über zehn Jahren mit weiteren acht Sportler*innen jeden Montag in diesem einmali-
gen Trainingsraum, der optisch an ein winziges, gemütli-
ches Theater erinnert. Das Studio ist zwar klein, aber fein.
Es ist ein kreativer Ort, an dem man sich wohlfühlen kann.
Die Wände sind in theaterrot gestrichen und mit liebevol-
ler Dekoration aus der Welt des Showbusiness ge-
schmückt. Das Theaterstudio ist mit Showlicht und einer
PA-Anlage ausgerüstet. Unter dem Teppich-Boden ist im
gesamten Raum eine Bodenturnmatte verlegt.
Traditionell beginnen wir mit dem Zirkeltraining zu den
rockigen Klängen von AC/DC. Die Lichtorgel motiviert zu
Höchstleistungen, die Basslautsprecher lassen die Anstren-
gung vergessen. Nachdem wir uns vier Jahre regelmäßig
zum Kraft- mit anschließendem Akrobatiktraining getrof-
fen hatten, wurde Adrian geboren. Sollte nun die Übungs-
stunde nicht mehr stattfinden können, damit der Kleine in
Ruhe schlafen kann?
Dann war es so weit, unsere Sportkameraden*innen
standen vor der Tür. Eigentlich sollte das Kind schon
längst schlafen, doch daran war nicht zu denken. Adrian

---

[4] Seite „Hermann Leopoldi". In: Wikipedia – Die freie Enzyklopädie. Bearbeitungsstand: 5. Mai 2020, 17:53 UTC.
URL: https://de.wikipedia.org/w/index.php?title=Hermann_Leopoldi
&oldid=199652613 (Abgerufen: 30. September 2021, 18:49 UTC)

begrüßte aus seinem Maxi-Cosi die Gäste mit einem lauten und aufgeregten Glucksen (*brabbel*).

Kaum hatte jeder seine Position für den Kraftzirkel eingenommen tippte ich auf „Play" und „Highway to Hell" donnerte aus den Lautsprechern. Schon nach dem ersten Gerätewechsel war Adrian tief und fest eingeschlafen. Die ersten Jahre hatte Adrian immer das Krafttraining verschlafen und „Highway to Hell" war dabei quasi sein Einschlaflied. Heute ist er bei der ersten Runde mit großem Elan dabei, turnt über die Geräte und verlässt dann zum Beginn der zweiten Runde mit Mama das Studio, um die Zu-Bett-Geh-Zeremonie einzuleiten.

Wenn wir mit dem 6-jährigen Adrian im Urlaub eine Kinderdisco besuchen, findet er die Lieder meistens langweilig. „Ich will Rockmusik!!" Ertönt „T.N.T." aus den Lautsprechern, packt er seine Luftgitarre aus.

♪ Highway to Hell

1979, AC/DC

Livin' easy,
lovin' free.
Season ticket on a one way ride.

Askin' nothin',
leave me be.
Takin' everything in my stride.

Don't need reason,
don't need rhyme,
ain't nothin' I'd rather do.

Goin' down,
party time.
My friends are gonna be there too.

I'm on the highway to hell!
On the highway to hell!
Highway to hell!
I'm on the highway to hell!

No stop signs,
speed limit.
Nobody's gonna slow me down.

Like a wheel,
gonna spin it.
Nobody's gonna mess me around.

Hey Satan!
Payin' my dues,
playin' in a rocking band.

Hey momma!
Look at me.
I'm on my way to the promised land, ow.

I'm on the highway to hell!
Highway to hell!
I'm on the highway to hell!
Highway to hell!

Mmm, don't stop me!
Ehh, ehh, oww.

I'm on the highway to hell!
On the highway to hell!
I'm on the highway to hell!
On the highway to hell!

Highway to hell! (I'm on the highway to hell!)
Highway to hell! (Highway to hell!)
Highway to hell ! (I'm on the highway to hell!)
Highway to hell!

And I'm goin' down,
all the way, wow.
On the highway to hell.

♪ T.N.T.
1976, AC/DC

Oi, oi, oi, oi,
oi, oi, oi, oi,
oi, oi, oi, oi,
oi, oi, oi!

See me ride out of the sunset.
On your color TV screen.
Out for all that I can get.
If you know what I mean.
Women to the left of me
and women to the right.
Ain't got no gun, ain't got no knife.
Don't you start no fight.

'Cause I'm T.N.T. I'm dynamite.
T.N.T. and I'll win the fight.
T.N.T. I'm a power load.
T.N.T. watch me explode!

I'm dirty, mean and mighty unclean.
I'm a wanted man.
Public enemy number one.
Understand?
So lock up your daughter, lock up your wife.
Lock up your back door, run for your life.
The man is back in town,
so don't you mess me 'round.

'Cause I'm T.N.T. I'm dynamite.
T.N.T. and I'll win the fight.

T.N.T. I'm a power load.
T.N.T. watch me explode!

T.N.T. oi, oi, oi!
T.N.T. oi, oi, oi!
T.N.T. oi, oi, oi!
T.N.T. oi, oi, oi!

T.N.T. I'm dynamite (oi, oi, oi).
T.N.T. and I'll win the fight (oi, oi, oi).
T.N.T. I'm a power load (oi, oi, oi).
T.N.T. watch me explode!

„**AC/DC** ([ˈeɪsiː ˈdiːsiː]; englische Abkürzung für „Wech-
selstrom / Gleichstrom") ist eine australische Hard-Rock-
Band, die 1973 von den in Schottland geborenen Brüdern
Angus und Malcolm Young gegründet wurde. Sie zählen
zu den Pionieren des Hard Rock, die Band selbst bezeichnet ihre Musik jedoch stets als Rock 'n' Roll." [5]

---

[5] Seite „AC/DC". In: Wikipedia – Die freie Enzyklopädie. Bearbeitungsstand: 14. Juli 2021, 11:19 UTC.
URL: https://de.wikipedia.org/w/index.php?title=AC/DC&oldid=213
869878 (Abgerufen: 3. September 2021, 18:37 UTC)

Prinz Adrian von Alpenblick

Ausflug in die Alpen mit dem 2-jährigen Adrian. Prinz Adrian empfängt seine beiden knappen Mama und Papa am Fuße der Neureuth. Mit seiner Sänfte (Kraxe) lässt er sich bis an den Gipfel hinauftragen. Schweißgebadet und völlig außer Atem erreichen die Knappen die Gipfelalm. Erholt vom erfrischenden Aufstieg überwindet der kleine Prinz elegant einige Bierbänke und schon sitzt er vor einem herrlich dampfenden Weißwurstfrühstück. Alles ist perfekt. Die Sonne scheint, das Bergpanorama ist wie aus dem Hochglanzprospekt. Die Kuhglocken schallen ins Tal. Die Knappen halten das Weißbierglas in der Hand und strecken die Beine aus. Oh, ist das schön! Aber das Glück ist nur fast perfekt, etwas fehlt noch. Der vornehme Herr bestellt, an einer Breze nuckelnd, bei der bildhübschen Bedienung ein Eis.

„Hier droben haben wir kein Eis, kleiner Prinz", antwortet die im Dirndl gekleidete Bedienung freundlich.

„Doch, ein Eis!" Die laute Stimme verleiht dem ganzen solchen Nachdruck, dass die gute Stimmung zu kippen scheint. „Tut mir leid, Eure Majestät, hier droben auf dem Berg haben wir kein Speiseeis. Gerne können wir aber mit Germknödel, oder leckerem Kaiserschmarrn dienen. Und dann gäbe es auch noch herrlichen Schokoladenpalatschinken. Den kann ich wärmstens empfehlen!"

„Ich will aber ein Eis!"

Da helfen keine Nachspeisen, keine Schokoriegel, kein irgendetwas, wenn sich der kleine Prinz etwas in den Kopf gesetzt hat, haben seine Untertanen zu gehorchen! Knappe Papa verschwindet mit der Bedienung in der Küche. „Ich habe da eine Idee", flüstert er ihr ins Ohr.

Schnell wird ein Schälchen mit Eiswürfel gefüllt, der Himbeersirup vom Skiwasser darüber gegossen und Sahne darunter gerührt. Als die Bedienung dem Prinzen die Eiskreation kredenzt, grinst dieser über beide Ohren. „Ich wusste doch, dass es hier Eis gibt!"

Bis zum heutigen Tag hat sich nichts geändert. Eis ist und bleibt seine Leibspeise und dafür würde er alles tun.

♪ Like Ice in the Sunshine

1985, Langnese Werbung, Interpret: Beagle Music Ltd.

Like ice in the sunshine, like ice in the sunshine.
I'm melting away on this sunny day.
Like ice in the sunshine, like ice in the sunshine.
I'm melting away on this sunny day.

When you walk along the beach, see the boys and girls
hand in hand,
relax in the midday heat with an icecream in your hand.

Like ice in the sunshine, like ice in the sunshine, ...

If you wanna have some fun, feeling groovy down by the
sea,
lay down in the summer sun, feel the good vibrations
with me.

Like ice in the sunshine, like ice in the sunshine, ...

When you're in the ocean bay, see the surfers glide out of
reach,
have fun on a sunny day with an icecream on the beach.

Like ice in the sunshine, like ice in the sunshine.
I'm melting away on this sunny day.
Like ice in the sunshine, like ice in the sunshine.
I'm melting away on this sunny day.

„**Beagle Music Ltd.** war ein Projekt der deutschen Musiker
Holger Julian Copp und Hanno Harders."[6]

---

[6] Seite „Beagle Music Ltd.". In: Wikipedia – Die freie Enzyklopädie. Bearbeitungsstand: 25. April 2021, 17:15 UTC.
URL: https://de.wikipedia.org/w/index.php?title=Beagle_Music_Ltd.&oldid=211307192 (Abgerufen: 3. Oktober 2021, 14:41 UTC)

Der Bagger

Warum auf die meisten Jungs der Bagger so eine magische Anziehung hat, sollte einmal in einer wissenschaftlichen Studie untersucht werden. Jedenfalls war klar, zum 4. Geburtstag wünscht sich der Kleine einen Bagger und natürlich soll er ferngesteuert sein. Völlig begeistert packt Adrian am Geburtstagsmorgen den Bagger, der eigentlich ein Radlader ist, aus. Mit der Fernsteuerung ist er völlig überfordert, aber das wird schon. Beim Spielen hört man immer ein: „bagger, bagger, bagger, bagger..." und schon ist folgendes Lied in meinem Kopf, das tatsächlich auch sehr gut bei unseren Mädchen in der Nachbarschaft ankommt.

♪ Bodo mit dem Bagger

1984, Mike Krüger

Mir fliegt der Draht aus der Mütze und mein Bruch tritt aus.
So'n Krach hält doch kein Mensch im Kopf mehr aus.
Ich guck aus dem Fenster und glaub ich schiel,
weil mein Gartenzaun grad in sich zusammenfiel.

Denn wer baggert da so spät noch am Baggerloch?
Das ist Bodo mit dem Bagger und der baggert noch.
Ja, wer baggert da so spät noch am Baggerloch?
Das ist Bodo mit dem Bagger und der baggert noch.

Jetzt baggert sich Bodo durch 'nen Supermarkt.
Es fliegen die Dosen, Gemüse und Quark.
Der Inhaber schreit: "Hey, was soll denn der Quatsch?"
Und Bodo sagt: "Ich mach' so gerne Baggermatsch".

Denn wer baggert da so spät noch am Baggerloch?
Das ist Bodo mit dem Bagger und der baggert noch.
Ja, wer baggert da so spät noch am Baggerloch?
Das ist Bodo mit dem Bagger und der baggert noch.

Gegen Abend kommt Bodo bei 'ner Disco an.
Er hat mal gehört, dass man da baggern kann.
Er nimmt ein Girl auf die Schaufel und sagt:
Komm, habe mich lieb!
Ja, Bodo ist halt ein sehr direkter Typ.

Denn wer baggert da so spät noch am Baggerloch?
Das ist Bodo mit dem Bagger und der baggert noch.
Ja, wer baggert da so spät noch am Baggerloch?
Das ist Bodo mit dem Bagger und der baggert noch.

bagger, bagger, bagger, bagger, bagger, bagger, bagger,
bagger, bagger, bagger, bagger, bagger Baggerloch.
Und brauchen sie mal'n Loch, oder ist ihr Haus zu groß,
dann rufen sie Bodo und schon geht es los.
Er baggert gern weit und er baggert gern tief.
Ja, wo Bodo baggert, da geht nie was schief.

Denn wer baggert da so spät noch am Baggerloch?
Das ist Bodo mit dem Bagger und der baggert noch.
Ja, wer baggert da so spät noch am Baggerloch?
Das ist Bodo mit dem Bagger und der baggert noch.

Mittlerweile trägt er den gold'nen Bagger am Band.
Bodo ist der beste Baggerfahrer im Land.
Selbst die Amis haben sich schon Bodo bestellt.
Ja, Bodo, der baggert jetzt rum die die Welt.

Denn wer baggert da so spät noch am Baggerloch?
Das ist Bodo mit dem Bagger und der baggert noch.
Ja, wer baggert da so spät noch am Baggerloch?
Das ist Bodo mit dem Bagger und der baggert noch.

Das ist Bodo mit dem Bagger und der baggert noch.
Ja, das ist Bodo mit dem Bagger und der baggert noch.
Das ist Bodo mit dem Bagger und der baggert noch.

„Michael Friedrich Wilhelm „Mike" Krüger (* 14. Dezember 1951 in Ulm) ist ein deutscher Komiker, Schauspieler, Kabarettist und Sänger."[7]

Nudeln ohne Alles

Adrian ist ein „Schlechtesser". Eigentlich ernährt sich der 5-Jährige nur von Nudeln ohne Alles, Gemüsebrühe mit Backerbsen, Gurken, Oliven, ab und zu Karotten und einem Fischstäbchen und Nikoläusen, Osterhasen, Ostereiern und Wackelpudding.

Ach, ja und da wäre dann noch der Toast und das Ei.

Man nehme eine Toastscheibe, steche mit einer Plätzchenausstechform ein Herz oder einen Stern aus und gebe das Brot in eine mit Olivenöl erhitzte Pfanne. Jetzt schlage man ein Ei darüber und gebe eine kleine Prise Salz dazu.

Als Beilage gibt es folgendes Lied:

♪ Früh-Stück (Noch´n Toast, noch´n Ei)

1979, Gebrüder Blattschuss

Kinder, Frühstück! Mach doch mal das Radio an.
Du bist heute wieder umwerfend!
Toast.
Wie möchtest du dein Ei?
Möglichst schnell, bitte!
Schmeckt dir der Kaffee?
Nicht die Bohne!
Der Kaffee, den du machst ist'n Witz!
Dann lach' doch.
Mutter?
Ja?

---

[7] Seite „Mike Krüger". In: Wikipedia – Die freie Enzyklopädie. Bearbeitungsstand: 4. Mai 2021, 19:19 UTC.
URL: https://de.wikipedia.org/w/index.php?title=Mike_Kr%C3%BCger&oldid=211607416 (Abgerufen: 3. Oktober 2021, 14:46 UTC)

Mutter ich kann nicht seh'n wie du dich abschuftest.
Mach' doch die Küchentür zu.

Noch 'n Toast, noch 'n Ei,
noch 'n Kaffee, noch 'n Brei,
etwas Marmelade, etwas Konfitüre.
Noch 'n Toast, noch 'n Ei,
noch 'n Kaffee, noch 'n Brei,
etwas Marmelade, etwas Konfitüre.

Wir nehmen uns ein nasses Handtuch und stellen uns vor den Spiegel. Dann nehmen wir die rechte Fußspitze und führen sie in locker kreisender Bewegung zum linken Nasenflügel. So stehenbleiben. Nun den linken Fuß an den rechten Nasenflügel, aber immer locker kreisen. So, war doch gar nicht schwer. Jetzt den rechten Arm durch die Beinschere am Nacken vorbei zwischen die Schulterblätter, dort liegenlassen. Mit der anderen Hand lassen sie nun einen Medizinball locker auftippen und eins und zwei und morgen verrat' ich ihnen die Auflösung des Knotens.

Noch 'n Toast, noch 'n Ei,
noch 'n Kaffee, noch 'n Brei,
etwas Marmelade, etwas Konfitüre.
Noch 'n Toast, noch 'n Ei,
noch 'n Kaffee, noch 'n Brei,
etwas Marmelade, etwas Konfitüre.

Darf ich schon rauchen?
Ja, aber bitte nicht so laut!
Kann mir einer sagen, wie spät es ist?
Ich! Ich!

Noch 'n Toast, noch 'n Ei,
noch 'n Kaffee, noch 'n Brei,
etwas Marmelade, etwas Konfitüre.

schmeiß doch mal die Butter rüber
ja...

„Die Gebrüder Blattschuss sind eine deutsche Musikgruppe, die in den späten 1970er und frühen 1980er Jahren
vor allem mit den „Blödel-Hits" zugeschriebenen Liedern
große Erfolge feierte."[8]

Das Frühstücksei

Immer wenn Adrian ein Frühstücksei bei mir bestellt, muss
ich an Loriots Sketch denken. Hermann beschwert sich dabei bei seiner Frau Berta mit den Worten „Das Ei ist hart!".
Berta versichert, dass das Ei viereinhalb Minuten gekocht
hat und somit genauso lange gekocht hat, wie es ihr Ehe-
mann wünscht.
Wenn ich meine Frau frage, wie lange ich das Ei kochen
soll, kommt stets wie aus der Pistole geschossen: „Sechs
Minuten". Egal, ob das Ei dann für meine Lieben zu hart
oder zu weich geworden ist, ich sing dann immer folgendes Lied:

♪ Ich wollt´ ich wär´ ein Huhn

1936, Interpreten: Comedian Harmonists, Text: Hans Fritz
Beckmann, Musik: Peter Kreuder.

Ich wollt', ich wär´ ein Huhn!
Ich hätt' nicht viel zu tun.
Ich legte vormittags ein Ei
und abends wär´ ich frei.
Mich lockte auf der Welt
kein Ruhm mehr und kein Geld.

---

[8] Seite „Gebrüder Blattschuss". In: Wikipedia – Die freie Enzyklopädie.
Bearbeitungsstand: 28. Juni 2021, 20:11 UTC.
URL: https://de.wikipedia.org/w/index.php?title=Gebr%C3%BCder_B
lattschuss&oldid=213377609 (Abgerufen: 3. Oktober 2021, 14:48 UTC)

Und fände ich das große Los,
dann fräße ich es bloß.
Ich brauchte nie mehr ins Büro.
Ich wäre dämlich, aber froh.

Ich wollt', ich wär´ ein Huhn!
Ich hätt' nicht viel zu tun!
Ich legte täglich nur ein Ei
und sonntags auch mal zwei.

Der Mann hat's auf der Welt nicht leicht, das Kämpfen ist
sein Zweck.
Und hat er endlich was erreicht, nimmt's eine Frau ihm
weg.
Er lebt, wenn's hochkommt, hundert Jahr
und bringt's bei gutem Staat
und nur, wenn er sehr fleißig war,
zu einem Rauschebart.

Ich wollt', ich wär´ ein Huhn!
Ich hätt' nicht viel zu tun!

Mich lockte auf der Welt
kein Ruhm mehr und kein Geld.
Ich brauchte nie mehr ins Büro
und du wärst dämlich, aber froh.

Ich wollt', ich wär´ ein Huhn!
Ich hätt' nicht viel zu tun!
Ich legte täglich nur ein Ei
und sonntags auch mal zwei.
Ich wollt, ich wär´ ein Hahn!
Dann würde nichts getan.
Ich legte überhaupt kein Ei
und wär die ganze Woche frei.

Dann lockt mich auf der Welt
kein Ruhm mehr und kein Geld.

Ich setz mich in den Mist hinein
und sing für mich allein.
Ich ginge nie mehr ins Büro!
Denn was ich brauche, kriegt ich so.

Ich wollt, ich wär´ ein Hahn,
dann würde nichts getan.
Ich würd mit meinen Hühnern gehen.
Das wäre wunderschön.

„Ich wollt´, ich wär´ ein Huhn. Diese Worte sind der Titel und der Anfang des Refrains eines Schlagers, der von Peter Kreuder (Musik) und Hans Fritz Beckmann (Text) für den UFA-Film *Glückskinder* (1936) geschrieben wurde und dort von Lilian Harvey, Willy Fritsch, Paul Kemp und Oskar Sima gesungen wurde." [9]
Bis heute bekannt, ist die Fassung von den Comedian Harmonists Diese „waren ein international bekanntes Berliner Vokalensemble der Jahre 1928–1935. Es gab zwei direkte Nachfolgegruppen, das Meistersextett in Deutschland und die Comedy Harmonists im europäischen und weiteren Ausland." [10]

Abenteuer

Gemeinsame Momente, großartige Erlebnisse und Stunden des Sports, die ich als Kind mit meinem Vater zusammen verbracht hatte, gab es leider viel zu wenige. Mein Vater war immer am Arbeiten und hatte nur wenig Zeit. Allerdings rief in den Stunden, die er für mich hatte, immer

---

[9] Seite „Liste geflügelter Worte/I". In: Wikipedia – Die freie Enzyklopädie. Bearbeitungsstand: 2. August 2021, 16:48 UTC.
URL: https://de.wikipedia.org/w/index.php?title=Liste_gefl%C3%BCg elter_Worte/I&oldid=214441433 (Abgerufen: 3. September 2021, 20:12 UTC)
[10] Seite „Comedian Harmonists". In: Wikipedia – Die freie Enzyklopädie. Bearbeitungsstand: 1. Mai 2022, 11:57 UTC.
URL: https://de.wikipedia.org/w/index.php?title=Comedian_Harmon ists&oldid=222527366 (Abgerufen: 2. Juni 2022, 11:09 UTC)

das Abenteuer. Meine Mutter hingegen war als Hausfrau immer für mich und meine drei Geschwister da, aber das Abenteuer klopfte nie an.

Jetzt verstehe ich, wie Bindung zwischen Kind und Eltern entsteht und wie wertvoll besondere Augenblicke für diese Beziehung sind. Erinnerungen leben von Bildern. Je mehr Bilder in einem Menschen abgespeichert sind, desto reicher ist der Bilderband, auf den man zurückblicken kann, wenn die Eltern einmal nicht mehr sind.

Wenn ich mit meinem Vater allein als Kind zum Skifahren ging, fuhren wir zur Mittagszeit irgendwo hinunter, wo es keinen Lift mehr zurückgab. Wir bauten mit unseren Skiern eine Sitzbank und packten unsere Brotzeit aus. Dort hatten wir Momente für uns ganz allein. Nicht, dass wir besonders viel geredet hätten, nein, es war das Gefühl an einem Ort zu sein, den ich nur mit ihm erreichen konnte. Der anschließende Aufstieg war zwar anstrengend, aber gab mir das Gefühl, ein einzigartiges Abenteuer erlebt zu haben. Das Lied, das mich an die Skiausflüge mit meinem Vater erinnert, ist der absolute Klassiker von Wolfgang Ambros, der in keiner Musiksammlung fehlen darf.

♪ Schifoan
1976, Wolfgang Ambros

Am Freitog auf'd Nocht montier' i die Schi
auf mei' Auto und dann begib' i mi
in's Stubaital oder noch Zell am See,
weil dort auf die Berg ob'm ham's immer an leiwand'n
Schnee.
Weil i wü'
Schifoan,
Schifoan, wow wow wow wow,
Schifoan,
weil Schifoan is des leiwandste,
wos ma sich nur vurstelln kann.

In der Fruah bin i der erste, der wos aufefoart,
damit i ned so long auf's aufefoarn woart.
Ob'm auf der Hütt'n kauf' i ma an Jägertee,
weil so a Tee mocht den Schnee erst so richtig schee.

Weil i wü',
Schifoan,
Schifoan, wow wow wow wow,
Schifoan,
weil Schifoan is des leiwandste,
wos ma sich nur vurstelln kann.

Und wann der Schnee staubt und wann die Sunn' scheint,
Dann hob' i ollas Glück in mir vereint.
I steh' am Gipfel schau' obe ins Tal.
A jeder is glücklich, a jeder fühlt sich wohl und wü nur:

Schifoan,
Schifoan,
Schifoan,
weil Schifoan is des leiwandste,
wos ma sich nur vurstelln kann.

Am Sonntag auf'd Nacht montier' i die Schi
auf mei' Auto, aber dann überkommt's mi
und i schau' no amoi aufe
und denk' ma "aber wo,
i foar no ned z'Haus i bleib' am Montog a no do."

Schifoan,
Schifoan, wow wow wow wow,
Schifoan,
weil Schifoan is des leiwandste
wos ma sie nur vurstelln kann.

Schifoan,
Schifoan,
Djaba rab djaba rab djabarabarab
Schifoan,

Schifoan, wow wow wow wow,
Schifoan
Djaba rab djaba rab djabarabarab
Schifoan, Schi...

„**Wolfgang Ambros** (* 19. März 1952 in Wien) ist ein österreichischer Liedermacher und Rock-/Popsänger. Er zählt
zu den bedeutendsten österreichischen Musikern der Gegenwart und gilt als einer der Begründer des Austropops."[11]

Aurélies Song

Unser Nachbarskind Aurélie ist Adrians erste Freundin.
Sie ist 3 Jahre älter als er und hat Adrian seit seiner Geburt
regelmäßig besucht und mit ihm gespielt. Bis zum heutigen Tag sind sie beste Freunde. Aurélie erzählte uns von
Ihrem ersten großen Showerlebnis. Sie war noch ein Kin-
dergartenkind und war mit ihren Eltern bei einer Schulauf-
führung ihrer Schwester. Für immer in ihr Gedächtnis ein-
gebrannt hat sich die Erinnerung von dem Auftritt der
Schlümpfe und dem Schlumpflied.

---

[11] Seite „Wolfgang Ambros". In: Wikipedia – Die freie Enzyklopädie. Bearbeitungsstand: 11. September 2021, 19:10 UTC.
URL: https://de.wikipedia.org/w/index.php?title=Wolfgang_Ambros
&oldid=215507971 (Abgerufen: 3. Oktober 2021, 15:16 UTC)

♪ Das Schlumpflied

1977, Vader Abraham

Sagt mal, von wo kommt ihr denn her?
Aus Schlumpfhausen, bitte sehr!
Sehen alle da so aus wie ihr?
Ja, die seh'n so aus wie wir.
Soll ich euch ein Lied beibringen?
Ja, wir wollen mit dir singen.

Ich kenn ein Lied mit 'nem schönen Chor.
Spiel es uns bitte einmal vor.
Der Flötenschlumpf fängt an: (Flötenspiel)
So, singt mal mit.

La, la, la, la, ...
Und nun die zweite Stimme:
La, la, la, la, ...
Und nun alle zusammen:
La, la, la, la, ...

Geht ihr denn durch einen Wasserhahn?
Wir geh'n durch einen Wasserhahn.
Und auch durch ein Schlüsselloch?
Ja, auch durch ein Schlüsselloch.
Gibt es eigentlich sehr viele Schlümpfe?
Ja, so viel, wie kaputte Strümpfe.
Finden Schlümpfe tanzen fein?
Ja, aber nur auf einem Bein.

La, la, la, la, ...
He, wir sind hier nicht in der Badewanne!
La, la, la, la, ...
Du, muss das wirklich sein?
Yes, sir! La, la, la, la, ...

Warum seid ihr Schlümpfe klein?
Wir wollen gar nicht größer sein.

Nehmt ihr die Mützen mit ins Bett?
Ja, sonst sind wir nicht komplett.
Habt ihr auch Schulen in Schlumpfhausen?
Ja, da gibt es nur noch Pausen.
Was möchtet ihr am liebsten tun?
Schlumpfen ohne auszuruh'n.

La, la, la, la, ...
La, la, la, la, ...
La, la, la, la, ...
La, la, la, la, ...

La, la, la, la, ...
La, la, la, la, ...
La, la, la, la, ...
La, la, la, la, ...

„Petrus Antonius Laurentius Kartner (* 11. April 1935 in Elst, heute zu Overbetuwe) ist ein niederländischer Sänger, Komponist, Texter und Produzent. Er schuf unter anderem die Bühnenfigur des Vader Abraham und wurde schließlich auch in Deutschland durch sein Lied der Schlümpfe von 1977 bekannt."[12]

Leonies Song

Adrians direkte Nachbarin und eine seiner besten Freundinnen ist Leonie. Leonies Eltern stammen aus Frankreich. Zuhause wird Französisch gesprochen und außerhalb der vier Wände meistens Deutsch. Adrian spricht kein Französisch, aber vielleicht lernt er ja von Leonie einige Worte. Das folgende Lied ist Leonies Lieblingslied und zeigt ganz gut Adrians Situation, kein Französisch zu verstehen.

---

[12] Seite „Pierre Kartner". In: Wikipedia – Die freie Enzyklopädie. Bearbeitungsstand: 2. Oktober 2021, 09:02 UTC.
URL: https://de.wikipedia.org/w/index.php?title=Pierre_Kartner&oldid=216052002 (Abgerufen: 3. Oktober 2021, 15:20 UTC)

♪ Je ne parle pas francais
2018, Namika

Ich hab' mich irgendwie verlaufen.
Hab' keinen Plan wohin ich geh'.
Steh' mit meinem kleinen Koffer
hier auf der Champs-Elysées.
Auf einmal sprichst du mich an:
"Salut, qu'est-ce que vous cherchez?"
Ich sag' "Pardon, es tut mir leid,
ich kann dich leider nicht verstehen!

Doch du redest immer weiter.
Ich find's irgendwie charmant
und male zwei Tassen Kaffee
mit 'nem Stift auf deine Hand.

Je ne parle pas français!
Aber bitte red weiter,
alles, was du so erzählst
hört sich irgendwie nice an
und die Zeit bleibt einfach stehen.
Ich wünschte, ich könnte dich verstehen!
Je ne parle pas français!
Aber bitte red weiter.

Oh la la la la la la la la la.
Oh la la la la la la la la la.

Deine langen, wilden Haare,
die kleine Narbe im Gesicht.
Selbst der Staub auf deiner Jeans
hat Esprit wenn du sprichst.
Die Kippe schmeckt nach Liberté,
solang wir beide sie uns teilen.
Du erzählst in Körpersprache
und ich hör' zwischen deinen Zeilen.

Ich häng' an deinen Lippen.
Ich will hier nicht mehr fort
und du redest und redest,
doch ich versteh' kein Wort.

Je ne parle pas français!
Aber bitte red weiter,
alles, was du so erzählst
hört sich irgendwie nice an
und die Zeit bleibt einfach stehen.
Ich wünschte, ich könnte dich verstehen!
Je ne parle pas français!
Aber bitte red weiter.

Oh la la la la la la la la la.
Oh la la la la la la la la la.

Die Sonne fällt hinter die Häuser,
Schiffe ziehen an uns vorbei
und alles, was wir wollen,
dass der Moment noch etwas bleibt.
Um uns über tausend Menschen,
sie reden aufeinander ein.
Doch die Sprache, die wir sprechen,
die verstehen nur wir zwei.

Je ne parle pas français!
Aber bitte red weiter,
alles, was du so erzählst
hört sich irgendwie nice an
und die Zeit bleibt einfach stehen.
Ich wünschte, ich könnte dich verstehen!
Je ne parle pas français!
Aber bitte red weiter.
Oh la la la la la la la la la.
Oh la la la la la la la la la.
Oh la la la la la la la la la.
Oh la la la la la la la la la.

„**Namika** (* 23. August 1991 in Frankfurt am Main; bürgerlich Hanan Hamdi), auch bekannt unter dem Künstlernamen Hän Violett, ist eine deutsche Sängerin und Rapperin mit marokkanischen Wurzeln, deren Musik sich textlich und musikalisch an der deutschen Hip-Hop-Szene orientiert. Durch ihren Nummer-1-Hit Lieblingsmensch wurde sie im Jahr 2015 einem breiteren Publikum bekannt."[13]

Die neue deutsche Welle

Alles, was in meiner Jugend aus Amerika kam, war cool. Wir feierten das „Little Oktoberfest" in der Amisiedlung in der Nähe des McGraw-Grabens in München, sangen englische Lieder, die wir nicht verstanden, tranken Coca-Cola und warteten stets auf den nächsten Trend aus den USA. Es war wie eine Offenbarung, als in den 80er Jahren plötzlich ein deutscher Hit nach dem anderen die Hitparade stürmte. Auf einmal war da eine Musik, die in deutscher Sprache in aller Munde war. Während meine Eltern noch aus der Kriegsgeneration entstammten und mit dem nötigen Ernst und Respekt durchs Leben gingen, entstand quasi über Nacht eine Spaß-Gesellschaft. Egal was kommt, genieße den Moment und habe Fun. Das Lied dazu kam von Markus.

♪ Ich will Spaß

1982, Markus

Mein Maserati fährt 210.
Schwupp, die Polizei hat's nicht geseh'n.
Das macht Spaß!
Ich geb' Gas, ich geb' Gas!

---

[13] Seite „Namika". In: Wikipedia – Die freie Enzyklopädie. Bearbeitungsstand: 12. Juli 2021, 20:05 UTC. URL: https://de.wikipedia.org/w/index.php?title=Namika&oldid=213 802897 (Abgerufen: 3. Oktober 2021, 15:23 UTC)

Will nicht spar'n, will nicht vernünftig sein.
Tank nur das gute Super rein. Ich mach' Spaß!

Ich geb' Gas, ich geb' Gas!
Ich will Spaß, ich will Spaß!
Ich will Spaß, ich will Spaß!
Ich geb' Gas, ich geb' Gas!
Ich will Spaß, ich will Spaß!

Ich schubs die Enten aus dem Verkehr.
Ich jag' die Opels vor mir her.

Ich mach' Spaß!
Ich mach' Spaß, ich mach' Spaß!

Und kost's Benzin auch Drei Mark Zehn.
Scheiß egal, es wird schon geh'n!

Ich will fahr'n!
Ich will fahr'n, ich will fahr'n!
Ich will Spaß, ich will Spaß!
Ich will Spaß, ich will Spaß!
Ich geb' Gas, ich geb' Gas!

Ich will Spaß, ich will Spaß!

(Solo)

Deutschland, Deutschland spürst du mich?
Heut' Nacht komm' ich über dich.
Das macht Spaß!
Das macht Spaß, das macht Spaß!

Der Tankwart ist mein bester Freund.
Hui, wenn ich komm', wie der sich freut.

Er braucht Spaß!
Er hat Spaß, er hat Spaß!

Wir woll'n Spaß, wollen Spaß!
Wir woll'n Spaß, wollen Spaß!
Wir geb'n Gas, geben Gas!
Wir woll'n Spaß, wollen Spaß!
Ich mach' Spaß, ich mach' Spaß!

Ich brauch Spaß, ich brauch Spaß!
Ich will fahr'n, ich will fahr'n!
Ich will fahr'n, ich will fahr'n!
Ich mach' Spaß, ich mach' Spaß!
Ich geb' Gas, ich geb' Gas!
Ich will fahr'n, ich will fahr'n!
Ich geb' Gas, ich geb' Gas!
Ich mach' Spaß, ich mach' Spaß!
Ich will fahr'n, ich will fahr'n!

„>Ich will Spaß< ist ein Lied des deutschen Musikproduzenten Axel Klopprogge. Das Lied wurde im Juni 1982 als Single veröffentlicht und erreichte im August 1982 Platz eins der deutschen Singlecharts. Es wurde von dem damals 22-jährigen deutschen Pop-Sänger **Markus** gesungen und blieb ein One-Hit-Wonder."[14]

One Hit Wonder

Viele Interpreten landeten einen Hit und dann hörte man nie wieder etwas von ihnen. Bayern 3 Moderator Ulli Wenger nannte diese Hits „One Hit Wonder". Einige Künstler, die der neuen deutsche Welle entsprangen, schrieben allerdings einen Hit nach dem anderen. Beispielhaft seien hier die Spider Murphy Gang, Nena oder Falko zu nennen.

---

[14] Seite „Ich will Spaß". In: Wikipedia – Die freie Enzyklopädie. Bearbeitungsstand: 28. Juli 2021, 09:24 UTC.
URL: https://de.wikipedia.org/w/index.php?title=Ich_will_Spa%C3%9F&oldid=214278651 (Abgerufen: 3. Oktober 2021, 15:29 UTC)

Eine Telefonnummer, die in den 80ern jeder kannte, war die „32 16 8".

♪ Skandal im Sperrbezirk
1981, Spider Murphy Gang, Text: Guenther Sigl

In München steht ein Hofbräuhaus,
doch Freudenhäuser müssen raus,
damit in dieser schönen Stadt
das Laster keine Chance hat.
Doch jeder ist gut informiert,
weil Rosi täglich inseriert
und wenn dich deine Frau nicht liebt,
wie gut, dass es die Rosi gibt!

**Und draußen vor der großen Stadt
steh'n die Nutten sich die Füße platt!
Skandal (Skandal)
im Sperrbezirk.
Skandal (Skandal)
im Sperrbezirk.
Skandal, Skandal um Rosi!**

Ja, Rosi hat ein Telefon,
auch ich hab' ihre Nummer schon.
Unter zwounddreißig sechzehn acht
herrscht Konjunktur die ganze Nacht.
Und draußen im Hotel L'Amour
langweilen sich die Damen nur,
weil jeder, den die Sehnsucht quält,
ganz einfach Rosis Nummer wählt.

**Und draußen vor der großen Stadt
steh'n die Nutten sich die Füße platt!
Skandal (Skandal)
im Sperrbezirk.
Skandal (Skandal)**

im Sperrbezirk.
Skandal, Skandal um Rosie!

Ja, Rosi hat ein Telefon,
auch ich hab' ihre Nummer schon.
Unter zwounddreißig sechzehn acht
herrscht Konjunktur die ganze Nacht.
Und draußen im Hotel L'Amour
langweilen sich die Damen nur,
weil jeder, den die Sehnsucht quält,
ganz einfach Rosis Nummer wählt.

**Und draußen vor der großen Stadt,
steh'n die Nutten sich die Füße platt!
Skandal (Skandal)
im Sperrbezirk.
Skandal (Skandal)
im Sperrbezirk.
Skandal, Skandal um Rosi!**

Moral!
Skandal, Skandal, Skandal, Skandal, Skandal,
Skandal, Skandal, Skandal, Skandal, Skandal,
Skandal, Skandal, Skandal.
Moral!
Skandal um Rosi!

„**Die Spider Murphy Gang** ist eine Band aus München, die durch Rock-'n'-Roll -Musik mit Texten in bayerischer Mundart bekannt wurde. Mit Skandal im Sperrbezirk gelang ihnen 1981 ein Nummer-eins-Hit der Musikcharts im deutschsprachigen Raum."[15]

---

[15] Seite „Spider Murphy Gang". In: Wikipedia – Die freie Enzyklopädie. Bearbeitungsstand: 24. September 2021, 06:05 UTC. URL: https://de.wikipedia.org/w/index.php?title=Spider_Murphy_Gang&oldid=215845644 (Abgerufen: 3. Oktober 2021, 15:33 UTC)

Party

Ein Kindergeburtstag ohne Luftballons ist wie ein Auto ohne Hupe. Man braucht sie nur ganz selten, aber beim Hochzeitskorso ist sie unverzichtbar und macht jede Menge Spaß. Schon beim Suchen der richtigen Party-Adresse weisen Luftballons am Gartenzaun oder der Eingangstür den richtigen Weg. Spiele mit Luftballons, Modellierballons oder gar mit Gas befüllten Ballons sind der Brüller jeder Party. Luftballons haben als Kind fasziniert und spielen auch in der Erwachsenen-Welt eine nicht unbedeutende Rolle. „99 Luftballons" war das Lieblingslied meiner Frau Manu in ihrer Kindheit. Wenn Nena heute im Radio spielt, singt und tanzt sie mit Adrian. Dass ein Lied über Luftballons in Deutschland zum Nummer-Eins-Hit und anschließend sogar ein Welterfolg wurde, liegt wohl an der Faszination dieser Latexkreationen.

♪ 99 Luftballons

1983, Nena; Text: Carlo Karges; Musik: Uwe Fahrenkrog-Petersen

Hast du etwas Zeit für mich?
Dann singe ich ein Lied für dich.
Von neunundneunzig Luftballons
auf ihrem Weg zum Horizont.

Denkst du vielleicht grad an mich?
Dann singe ich ein Lied für dich
von neunundneunzig Luftballons
und dass sowas von sowas kommt.

Neunundneunzig Luftballons
auf ihrem Weg zum Horizont
hielt man für Ufos aus dem All.
Darum schickte ein General
'ne Fliegerstaffel hinterher.
Alarm zu geben, wenn's so wär'.

Dabei war'n dort am Horizont
nur neunundneunzig Luftballons.

Neunundneunzig Düsenflieger,
jeder war ein großer Krieger,
hielten sich für Captain Kirk.
Das gab ein großes Feuerwerk.
Die Nachbarn haben nichts gerafft
und fühlten sich gleich angemacht.
Dabei schoss man am Horizont
auf neunundneunzig Luftballons.

Neunundneunzig Kriegsminister,
Streichholz und Benzinkanister
hielten sich für schlaue Leute,
witterten schon fette Beute,
riefen: "Krieg!" und wollten Macht.
Mann, wer hätte das gedacht,
dass es einmal so weit kommt,
wegen neunundneunzig Luftballons.
Wegen neunundneunzig Luftballons.
Neunundneunzig Luftballons.

Neunundneunzig Jahre Krieg
ließen keinen Platz für Sieger.
Kriegsminister gibt's nicht mehr
und auch keine Düsenflieger.
Heute zieh' ich meine Runden,
seh' die Welt in Trümmern liegen,
hab' 'n Luftballon gefunden,
denk' an dich und lass' ihn fliegen.

„Nena (* 24. März 1960 als Gabriele Susanne Kerner in Ha-
gen) ist eine deutsche Popsängerin. Mit dem Hit >99 Luft-
ballons< ihrer Band Nena wurde sie 1983 im Zuge der
Neuen Deutschen Welle bekannt. Mit weltweit 25

Millionen verkauften Tonträgern zählt sie zu den erfolgreichsten Künstlern der deutschen Musikgeschichte."[16]

Wenn ich mal groß bin

„Wenn ich mal groß bin, werde ich…"
Klar, die Berufe der Eltern prägten schon früh den Berufs-
wunsch meines Sohnes. Aber als die Serien „Feuerwehrmann Sam", „Helden der Stadt", „Paw Patrol" und Co aktuell waren, machte sein ausgeprägter Gerechtigkeitssinn
eines immer wieder deutlich:
„… ich werde Feuerwehrmann oder Polizist!"
Und wenn Adrian tatsächlich einmal Polizist werden
sollte, dann natürlich ein Kommissar.

♪ Der Kommissar

1881, Falco

Two, three, four,
eins, zwei, drei,
na es ist nix dabei,
ja wenn ich euch erzähl die Geschicht.
Nichtsdestotrotz ich bin das schon gewohnt
im TV-Funk da läuft es nicht.

Sie war jung, das Herz so rein und weiß
und jede Nacht hat ihren Preis.
Sie sagt: "Sugar sweet you gotta rap in to the heat."
Ich verstehe sie ist heiß.

Sie sagt: "Babe you know I miss my funky friends."
Sie meint Jack und Joe und Jill.

---

[16] Seite „Nena". In: Wikipedia – Die freie Enzyklopädie. Bearbeitungsstand: 20. September 2021, 19:15 UTC.
URL: https://de.wikipedia.org/w/index.php?title=Nena&oldid=21575
8771 (Abgerufen: 3. Oktober 2021, 15:37 UTC)

Mein Funkverständnis, ja das reicht zur Not,
ich überreiß, was sie jetzt will.

Ich überleg bei mir, ihr Nasn spricht dafür,
währenddessen ich noch rauch,
die Specialplaces sind ihr wohl bekannt,
ich mein, sie fährt ja U-Bahn auch; dort singen's:

Drah di net um, oh oh oh!
Schau, schau der Kommissar geht um, oh oh oh.
Er wird di anschaun und du weißt warum.
Die Lebenslust bring di um.
Alles klar, Herr Kommissar.

Hey wanna buy some stuff man hey.
Hey did you ever rap that thing Jack?
So rap it to the beat.
Wir treffen Jill und Joe und dessen Bruder Hipp
und auch den Rest der coolen Gang.
Sie rappen hin, sie rappen her
dazwischen kratzen's ab die Wänd.

Dieser Fall ist klar, lieber Herr Kommissar,
auch wenn sie andrer Meinung sind.
Den Schnee, auf dem wir alle talwärts fahren
kennt heute jedes Kind.
Jetzt das Kinderlied!

Drah di net um, oh oh oh.
Schau, schau der Kommissar geht um, oh oh oh.
Er hat die Kraft und wir san klein und dumm
und dieser Frust macht mich stumm.

Drah di net um, oh oh oh.
Schau, schau der Kommissar geht um, oh oh oh.
Wenn er di anspricht und du weißt warum,
sag ihm dein Leben bringt di um.
Alles klar, Herr Komissar.

Drah di net um, oh oh oh.
Schau, schau der Kommissar geht um, oh oh oh.
Er hat die Kraft und wir san klein und dumm
und dieser Frust macht uns stumm.

Drah di net um, oh oh oh.
Schau, schau der Kommissar geht um, oh oh oh.
Wenn er di anspricht und du weißt warum,
sag ihm dein Leben bringt di um.
La la la la la la.

Drah di net um, oh oh oh.
Schau, schau der Kommissar geht um, oh oh oh.
Drah di net um, oh oh oh.
Schau, schau der Kommissar geht um, oh oh oh.

Dah di net um, oh oh oh.
Schau, schau der Kommissar geht um, oh oh oh.
Drah di net um, oh oh oh.
Schau, schau der Kommissar geht um, oh oh oh.

„Falco (bürgerlich Johann „Hans" Hölzel; * 19. Februar 1957 in Wien; † 6. Februar 1998 nahe Puerto Plata, Dominikanische Republik) war ein österreichischer Musiker. Sein Titel >Rock Me Amadeus< erreichte als bis heute einziges deutschsprachiges Lied die Spitze der US-Billboard-Charts."[17]

Wum und Wendelin

Die Ferneshshow, „Der Große Preis" mit Wim Tölke war in meiner Kindheit die Sendung, die die ganze Familie vor den Röhrenapparat lockte. Wir Kinder warteten dabei gespannt auf ein mit tiefer Stimme von Hund Wum

---

[17] Seite „Falco". In: Wikipedia – Die freie Enzyklopädie. Bearbeitungsstand: 15. Mai 2021, 10:32 UTC.
URL: https://de.wikipedia.org/w/index.php?title=Falco&oldid=211985589 (Abgerufen: 3. Oktober 2021, 15:42 UTC)

gerufenes „Tööölke!" Denn das Highlight dieser Quizshow war der Auftritt von Wum und seinem Freund, dem Elefanten Wendelin. Loriot (Vicco von Bülow) war der Schöpfer der beiden Zeichentrickfiguren, denen er auch seine Stimme gab. Unvergessen ist das Lied von Wum, das mir bis zum heutigen Tag in den Ohren liegt.

♪ Ich wünsch´ mir ´ne kleine Miezekatze
1972, Wum´s Gesang, Text und Stimme von Loriot

Musik - 1 - 2 - 3 - 4 – Wouuuuuuuuuuu!

Ich wünsch' mir 'ne kleine Miezekatze
für mein Wochenendhaus.
Der schenk' ich eine Luftmatratze
und eine Spielzeugmaus.
Er singt dauernd solche Liebeslieder
vorne und hinten mit Schmalz.
Ach, die hängen mir immer wieder
so aus 'm Hals.

Wouuuuuuuuuuu!

Heute fand ich einen Suppenknochen,
leider mitten im Dreck.
Den werd' ich mir zum Mittag kochen,
oder schmeiße ihn weg.

Ich habe ein paar kleine Haare
an meinem Hinterkopf
und wenn ich die Geduld bewahre,
wird es vielleicht ein Zopf.

Wouuuuuuuuuuu!

Heute sitze ich im Staatstheater,
ganz weit vorne im Parkett.

Denn da singt mein Urgroßvater
ganz alleine ein Duett.

Manchmal möchte ich in Bonn regieren,
frisch gewaschen und rasiert.
Dann gehör' ich zu den großen Tieren,
auch wenn 's nicht funktioniert.

Wouuuuuuuuuuu!

„**Loriot**, bürgerlich **Bernhard-Viktor Christoph-Carl von Bülow**, kurz *Vicco von Bülow* (* 12. November 1923 in Brandenburg an der Havel; † 22. August 2011 in Ammerland am Starnberger See) etablierte sich von den 1950er Jahren an bis zu seinem Tod in Literatur, Fernsehen, Theater und Film als einer der vielseitigsten deutschen Humoristen. Loriot betätigte sich auch als Karikaturist, Regisseur, Schauspieler, Bühnen- und Kostümbildner und wurde 2003 von der Universität der Künste Berlin zum Professor für Theaterkunst ernannt."[18]

---

[18] Seite „Loriot". In: Wikipedia – Die freie Enzyklopädie. Bearbeitungsstand: 27. September 2021, 21:06 UTC.
URL: https://de.wikipedia.org/w/index.php?title=Loriot&oldid=215944429 (Abgerufen: 9. Oktober 2021, 16:40 UTC)

Cowboys und Indianer

Im 4. Lebensjahr war es Adrians größtes Abenteuer, drei Tage lang, die Westernstadt „Pullman City" zu besuchen. Wir wohnten im Blockhaus und alles um uns herum war wie im wilden Westen. Unzählige Indianer und Cowboys auf Pferden, Winnetou und Old Shatterhand, Siedler mit ihren Planwägen, die Kavallerie und eine echte Bisonherde traten bei den Karl May-Festspielen auf. Überall gab es Musik, Goldsieben, Saloons, Zauberer und Shows. Wir waren im Wild-West-Fieber.

Im Jahr darauf war Adrian im Fasching ein Cowboy und die nächste Fahrt nach Pullman City war geplant.

♪ Brauner Bär und weiße Taube

1960, Gus Backus

Brauner Bär war ein junger Indianer mit roter Haut
und er träumte, weiße Taube wäre seine Indianerbraut.
Aber leider ging für beide mit der Liebe alles schief,
denn das große, wilde Wasser, das sie trennte, war viel zu tief.

Brauner Bär und weiße Taube waren so, so verliebt.
Brauner Bär und weiße Taube, wie es das nur einmal gibt.

Brauner Bär sah hinüber, denn da drüben da stand sie.
Weiße Taube schickte Küsse übers Wasser, spät und früh.
Ihre süßen, roten Lippen hätt' er gerne einmal geküsst,
aber wie kann man sich küssen, wenn das Wasser dazwischen ist?

Oh, Brauner Bär und weiße Taube waren so, so verliebt.
Brauner Bär und weiße Taube, wie es das nur einmal gibt.

Aber dann kam die Hitze und das Wasser, es verschwand.
Brauner Bär lief hinüber, wo die Liebe sie verband.
Doch das Wasser, es kam wieder und er konnte nicht mehr zurück
und so blieb er für immer bei ihr, weiße Taube war all sein Glück.

**Brauner Bär und weiße Taube waren so, so verliebt.
Brauner Bär und weiße Taube, wie es das nur einmal gibt.**

„**Gus Backus** (* 12. September 1937 in Southampton auf Long Island im Staat New York; eigentlich Donald Edgar Backus) ist ein US-amerikanischer Musiker und Schlagersänger."[19]

Amerika ist anders

Ich habe in meinem Leben nie eine musikalische Ausbildung genossen. Meine Eltern sind damals, als ich Kind und Jugendlicher war, gar nicht auf die Idee gekommen, dass ich oder eine meiner Geschwister zu einer Musikschule hätten gehen können. Der Grund dafür war zum einen, dass beide Elternteile keine große Affinität zu Musik besaßen, zum anderen gab es dafür sicherlich finanzielle Gründe. Ich hatte allerdings auch nie den Wunsch geäußert, ein Instrument erlernen zu wollen, da im Freundeskreis kaum jemand musizierte und ich meine ganze Freizeit in den Turnsport investierte.
Inspiriert durch Franzl Lang war ich als kleiner Junge jedoch vom Jodeln begeistert. Schnell beherrschte ich den Schnaggler, der mich von der Bruststimme in die Kopfstimme wechseln ließ. Niemand entdeckte oder förderte

[19] Seite „Gus Backus". In: Wikipedia – Die freie Enzyklopädie. Bearbeitungsstand: 17. April 2021, 22:11 UTC.
URL: https://de.wikipedia.org/w/index.php?title=Gus_Backus&oldid =211041223 (Abgerufen: 9. Oktober 2021, 16:43 UTC)

allerdings mein Talent, dass dann schließlich im Sand verlief. Wer weiß, wozu es gut war, ansonsten wäre ich womöglich beim Musikantenstadl gelandet. Mein erstes Lied sollte erst Jahre später in den Vereinigten Staaten entstehen. Nach dem Abitur reiste ich mit meinen zwei Freunden, Stefan und Boris, quer durch die USA. In jeder Kneipe, in jeder Disco, an beinahe jedem Hauseck gab es Livemusik. Wir hatten den Eindruck, dass die Amerikaner mit einem Instrument unter dem Arm geboren wurden. 1987 wurden wir drei Jungs aus good old West-Germany bei der Landbevölkerung wie Exoten gehandelt. Irgendwo in Kalifornien erregte ein blauer Chevrolet Camaro mit besonders breiten Reifen unsere Aufmerksamkeit. Als die Tür aufschwang stieg ein zierliches, blondes, bildhübsches, junges Mädchen aus dem Rennwagen. Wir drei Boys bekamen nicht nur Stielaugen, sondern waren erstaunlicher Weise, vermutlich wegen unserer Exotik, sofort mit ihr im Gespräch. Sie erzählte von Beschleunigungsrennen (Viertelmeile-Rennen), an denen sie teilnahm und wir hingen an ihren Lippen. Schnell war klar, dass wir diese Nacht nicht in unserem Zelt, sondern bei ihrer Familie verbringen sollten. Wie selbstverständlich wurden wir zum Barbecue eingeladen. Alle Familienmitglieder saßen am Lagerfeuer und sangen zur Gitarrenbegleitung Countrysongs. Wir erzählten von Deutschland und unseren Abenteuern in Amerika, die in Deutschland undenkbar waren. Sodann wurde vom Vater der Rennfahrerin die Idee geboren, darüber ein Lied zuschreiben. Wir sollten texten, er würde die Gitarrenmusik beisteuern. Von dieser Idee ließ er sich nicht mehr abbringen. So texteten wir die ganze Nacht und präsentierten im Morgengrauen den Song „Amerika ist anders". Das war der Anfang meiner äußerst un-eindrucksvollen Gesangskarriere.

Diese und viele anderen Gesangserfahrungen, über die ich noch an anderer Stelle in diesem Buch erzählen werde, brachten mich auf folgendes Motto: **„Wir singen nicht schön, aber laut, entscheidend beim Singen ist, dass man sich traut!"**. Das ist ein Zitat aus dem Lied „Zum Geburtstag" von „Norbert und die Feiglinge", welches ich nur wärmstens empfehlen kann. Die meisten singen als Geburtstagsständchen „Happy Birthday". Etwas spezieller, vor allem wesentlich lustiger und damit persönlicher, ist der nachfolgende Song:

♪ Zum Geburtstag
1993, Norbert und die Feiglinge

Heu-, heu-, heu-,
heu-, heu-, heu-, heu-,
heu-, heu-,
heu-, heu-, heu-,
heute hast du Geburtstag und
wir singen ein Lied für dich aus diesem Grund.
Wir wissen, wir singen nicht schön, aber laut,
entscheidend beim Singen ist, dass man sich traut.

Wir alle hier gratulieren dir.
Wir sagen "Prost" und trinken ein Bier.
Auf dich und auf, dass du uns niemals vergisst.
Auf Glück und Gesundheit und bleib' wie du bist!

Noch ein Jahr älter.
Noch ein Jahr älter.
Noch ein Jahr

Lei-, lei-, lei-,
lei-, lei-, lei-,
leider haben wir gar kein Geschenk,
zu deinem Geburtstag doch bitte bedenk':
Wir haben das Lied und das singen wir dir,
denn das Lied ist genauso bescheuert wie wir!

Wir alle hier gratulieren dir.
Wir sagen "Prost" und trinken ein Bier.
Auf dich und auf dass du uns niemals vergisst.
Auf Glück und Gesundheit und bleib' wie du bist!

Hexenschuss, Rheuma, Arthritis, Bronchitis und
Hexenschuss, Rheuma, Arthritis, Bronchitis und...

wenn du einmal im Rollstuhl sitzt,
dein Enkel geht hinter dir, schiebt dich und schwitzt,
besuchen wir dich im Seniorenheim
und bringen noch mal unseren dämlichen Reim.

Wir alle hier gratulieren dir.
Wir sagen „Prost" und trinken ein Bier.
Auf dich und auf dass du uns niemals vergisst.
Auf Glück und Gesundheit und bleib' wie du bist!

„**Norbert und die Feiglinge** waren von 1988 bis 1999 eine
erfolgreiche Studentenband aus Hamburg"[20]

Urlaub

Als Adrian noch in Manus Bauch herumturnte, besuchten
wir die Verwandtschaft in Obersdorf im Allgäu. Es war
Viehscheid und alle Kühe, die im Sommer auf der Alm waren, wurden ins Tal getrieben. Es herrschte Volksfeststim-
mung. Das Panorama war wie aus dem Bilderbuch.
Im großen Sommerurlaub zog es uns meistens ans Meer,
aber speziell zu Coronazeiten erinnerten wir uns an das
schöne Allgäu. Adrian musste nun nicht mehr in der Kraxe
getragen werden und konnte auf den Almwiesen herum-
tollen, aber Vorsicht, Kuhfladen!

♪ Hollaröhdullöh

1974, Interpret: Wolfgang Ambros, Musik: Joesi Prokopetz

---

[20] Seite „Norbert & die Feiglinge". In: Wikipedia – Die freie Enzyklopädie. Bearbeitungsstand: 9. Dezember 2020, 22:42 UTC.
URL: https://de.wikipedia.org/w/index.php?title=Norbert_%26_die_F
eiglinge&oldid=206393476 (Abgerufen: 9. Oktober 2021, 16:57 UTC)

Wie schallt's von der Höh'?
„Hollaröhdulliöh!
Gu gu!"

Wie schallt's von der Höh'?
„Hollaröhdulliöh!
Gu gu!"

Und jetzt ruf´ ma nomol schnöl:
„Hollaröhdulliöh!
Gu gu!"

Ich steh bis zu den Waden in einer Kuhfladen
und zermalm auf der Alm einen Halm.
Doch der Bauer mit dem Pflug
hat vom Pflügen schon genug
und plötzlich ruft er: "Jöh!"
Denn das Echo von der Höh'
ruft : "Hollaröhdulliöh!
Gu gu!"

Am Himmel zieh´n die Wolken.
Die Kühe wer´n gemolken.
Es ist kalt im Wald ohne Skalp.
Doch der Schafhirt mit dem Stock
braut sich schnell noch einen Grog.
Und eine leise Bö
bläst das Echo von der Höh':
„Hollaröhdulliöh!
Gu gu!"

„Hollarödulliöh!
Hollarödulliöh!"
Ich habe mich verlaufen
in einem Düngerhaufen.
Mir wird bang, ich werd´ krank
vom Gestank.

Doch die Magd mit der Gabel

kitzelt meinen Nabel
und mit leisem Weh
schallt das Echo von der Höh':
„Hollaröhdulliöh!
Gu gu!"

♪ Der Berg

1974, Interpret: Wolfgang Ambros, Musik: Joesi Prokopetz

Groß und mächtig, schicksalsträchtig.
Um seinen Gipfel jagen, Nebelschwaden!
A Donnern schickt er oft ins Tal
und dann schauderts alle auf amal.

Wann er donnert, Gott behüt, der Berg, der kennt ka Einsegn nit.

Watzmann, Watzmann, Schicksalsberg,
du bist so groß und i nur a Zwerg.

Vü hats scho pockt, am Berg aufiglockt.
G'folgt sinds im tapfer, oba der Berg, der wüll sei Opfer.
Der Berg, der loßt hoit niemand aus,
drumm steigts ned auffe, bleibts liaba z'Haus!

Alle san sie lange tot,
weil halt der Berg ka Einsegn hat.

Watzmann, Watzmann, Schicksalsberg,
du bist so groß und i nur a Zwerg.
Watzmann, Watzmann, Schicksalsberg,
du bist so groß und i nur a Zwerg.

„Wolfgang Ambros (* 19. März 1952 in Wien) ist ein österreichischer Liedermacher und Rock-/Popsänger. Er zählt zu den bedeutendsten österreichischen Musikern der

Gegenwart und gilt als einer der Begründer des Austropops."[21]

Mundart

Adrian wurde in München geboren. Seine Eltern sind Münchner. Er wächst im Landkreis München auf und dennoch lässt seine Bayrisch zu wünschen übrig. Der Kindergarten, die Sprache Zuhause, alles ist auf Hochdeutsch getrimmt. Mundart ist beinahe schon wie eine zweite Fremdsprache. Wären da nicht meine bayerischen Lieblingslieder, die ich immer wieder gerne zum Besten gebe. Hoch im Kurs ist dabei die Gruppe Haindling. Den Hoizscheidl-Rap findet Adri zum Quietschen komisch:

„Da Oasiedl vo Bong
hot Hoizscheidl glom
und hod si an Schiefling
in Osch einizong."

Oder das Bayernlied, das regelmäßig angestimmt wird, wenn es um Bayern geht:

„Bayern, des samma mir,
Bayern und des bayerische Bier!
Bayern und des Reinheitsgebot,
des is unser flüssiges Brot!"

Wenn wir in fremden Kulturen etwas von Bayern zum Besten geben sollen, fällt mir immer spontan „Mo mah du" ein. Das Lied von Haindling, das auf altes Bayerischen Volksgut beruht, funktioniert super als Gedicht oder in der Haindling-Musikversion.

---

[21] Seite „Wolfgang Ambros". In: Wikipedia – Die freie Enzyklopädie. Bearbeitungsstand: 11. September 2021, 19:10 UTC.
URL: https://de.wikipedia.org/w/index.php?title=Wolfgang_Ambros&oldid=215507971 (Abgerufen: 9. Oktober 2021, 17:01 UTC)

♪ Mo mah du

1984, Haindling

Mo mah du!
Mo mah du!
Mo mah du!

A Pater steht am Wiesenrand
und hod a Sens'n in da Hand.
Er müssert jetzt des Gros wegschneid'n
aber miad isser und lasst sie treib'n.

Da kimmt a oida Mo daher.
Da Pater schreit "Mo, do gehst her!"
Du nimmst da jetzt die Sens in'd Hand
und mahst die Wies'n - bis zum Rand!

Da Mo schreit "Ja wer bin an i?!"
Da Pater lacht und legt sie hi.

Hey Mo!
Mo mah du!
Na na Pater,
Pater mah du!
Ja maht denn a Pater a?
Ja maht denn a Pater a?
Sog Mo!
Ja maht denn a Pater a?
Na Mo!
A Pater der mahnt ned!
A Pater der mahnt ned!
Dirigier'n tua i gern,
ring-digi-ding-dung.
Dirigier'n tua i gern,
ring-sing-a-sing-sung.
Dirigier'n tua i gern,
ring-digi-ding-dung.

Dirigier'n tua i gern,
ring-sing-a-sing-sung.

Mo mah du!
Mo mah du!
Mo mah du!

Da Pater liegt am Wiesenrand
und hod koa Sens'n in da Hand.
Er muas a ned des Gros wegschneid'n.
Da oide Mo tuat's - den kon a treib'n.

Mo mah du!
Mo mah du!
Mo mah du …

„Haindling ist eine vom niederbayerischen Musiker Hans-Jürgen Buchner gegründete Musikgruppe, die stilmäßig der Neuen Volksmusik zuzurechnen ist. Der Name leitet sich vom Wohnort Buchners ab, der zur niederbayerischen Stadt Geiselhöring im Landkreis Straubing-Bogen gehört."[22]

---

[22] Seite „Haindling (Band)". In: Wikipedia – Die freie Enzyklopädie. Bearbeitungsstand: 22. November 2021, 17:34 UTC.
URL: https://de.wikipedia.org/w/index.php?title=Haindling_(Band)&oldid=217504824 (Abgerufen: 31. Mai 2022, 10:47 UTC)

Der Walchensee

Wenn ich an den Walchensee denke, kommen mir Bilder aus meiner Jugend in den Kopf. An sonnigen Wochenenden sind mein Vater und ich oft zu diesem Bergsee aufgebrochen. Dort haben wir die thermischen Winde mit unseren Segeln eingefangen und sind beinahe schwerelos mit unseren Surfbrettern über das glitzernde Wasser geglitten. Als wir das erste Mal mit Adrian an diesen bayerischen See fuhren, waren die Dreharbeiten von Bullis „Wicki und die starken Männer" längst beendet. Zu sehen war jedoch noch das kleines Wikinger-Dorf am Ufer des Sees.

Da Adrian, wie Wicki, mindestens einmal am Tag ruft: „Ich habe eine gute Idee!", lies das passende Lied dazu, nicht lange auf sich warten.

♪ Wickie (und die starken Männer)

1974, Komposition: Christian Bruhn und Karel Svoboda, Text: Andrea Wagner

**Hey, hey Wickie, hey Wickie hey,
zieh fest das Segel an!
Hey, hey Wickie die Wickinger
sind hart am Winde dran.**

Na na na na, na na na na na na Wickie!

Die Angst vorm Wolf macht ihn nicht froh
und im Taifun ist's ebenso.
Doch Wölfe hin, Taifune her,
die Lösung fällt ihm gar nicht schwer.

**Hey, hey Wickie hey, Wickie hey,
zieh fest das Segel an.
Hey, hey Wickie die Wickinger,
sind hart am Winde dran.**

Na na na na, na na na na na na Wickie!

Die Angst vorm Wolf macht ihn nicht froh
und im Taifun ist's ebenso.
Doch Wölfe hin, Taifune her,
die Lösung fällt ihm gar nicht schwer.

Hey, hey Wickie hey Wickie hey,
zieh fest das Segel an.
Hey, hey Wickie, die Wickinger,
sind hart am Winde dran.

Na na na na, na na na na na na Wickie!

HEY

„Die Musik in der deutschen Fassung wurde von Christian Bruhn (Titellied) und Karel Svoboda komponiert. Der Text des Titellieds (Hey, hey, Wickie! Hey, Wickie, hey!) stammt von Andrea Wagner. Gesungen wurde er von der Kölner Gruppe **Stowaways**, die später unter dem Namen **Bläck Fööss** bekannt wurde."[23]

---

[23] Seite „Wickie und die starken Männer (Anime)". In: Wikipedia – Die freie Enzyklopädie. Bearbeitungsstand: 20. September 2021, 08:11 UTC. URL: https://de.wikipedia.org/w/index.php?title=Wickie_und_die_starken_M%C3%A4nner_(Anime)&oldid=215743049 (Abgerufen: 9. Oktober 2021, 17:10 UTC)

Ah, jetzt, ja

Oma Ingrid schenkte Adrian zum 5. Geburtstag das Buch von Michael Ende „Jim Knopf und Lukas der Lokomotivführer". Eine DVD mit einer Version der Augsburger Puppenkiste war auch dabei. Das Buch wurde 1960 veröffentlicht und ist selbst heute noch ein Kassenschlager in den Kinderzimmern. Die Abenteuer des kleinen schwarzen Jungen hatten uns schon in unserer Kindheit fasziniert. Als 1995 der Titelsong als Coverversion des Dancefloor-Projektes Dolls United durch die Decke ging und insgesamt 33 Wochen in den deutschen Charts vertreten war, war das Lummerland aktuell, wie nie zuvor.

♪ Eine Insel mit zwei Bergen

1995, Dolls United

**Eine Insel mit zwei Bergen und dem tiefen weiten Meer, mit viel Tunnels und Geleisen und dem Eisenbahnverkehr.
Nun, wie mag die Insel heißen,
ringsherum ist schöner Strand.
Jeder sollte einmal reisen
in das schöne Lummerland!**

Eine Insel, da ist eine Insel!
Wo denn? Wo denn?

Eine Insel, da ist eine Insel!
Wo denn? Wo denn?

Ah, jetzt, ja, eine Insel!
Ah, jetzt, ja, eine Insel!
Ah, jetzt, ja, ah, jetzt, ja!

Eine Insel mit zwei Bergen und dem tiefen weiten Meer, mit viel Tunnels und Geleisen und dem Eisenbahnverkehr.

Nun, wie mag die Insel heißen,
ringsherum ist schöner Strand.
Jeder sollte einmal reisen
in das schöne Lummerland!

Ich erkläre hiermit diese Insel zu meinem Königreich und
wir bauen einen gemütlichen Palast! Das ist ein wunder-
volles Thema für eine Ballade! Lukas, da ist ja Lummerland! Ich bin's, Jim Knopf, wir kommen!

Eine Insel mit zwei Bergen und dem tiefen weiten Meer,
mit viel Tunnels und Geleisen und dem Eisenbahnverkehr.
Nun, wie mag die Insel heißen,
ringsherum ist schöner Strand.
Jeder sollte einmal reisen
in das schöne Lummerland!

Wer bist du denn?
Ui, mach nochmal! Wer bist du denn?
Ui!
Ah, jetzt, ja, eine Insel!
Ah, jetzt, ja, eine Insel!
Ah, jetzt, ja, ah, jetzt, ja!

Eine Insel mit zwei Bergen und dem tiefen weiten Meer,
mit viel Tunnels und Geleisen und dem Eisenbahnverkehr.
Nun, wie mag die Insel heißen,
ringsherum ist schöner Strand.
Jeder sollte einmal reisen
in das schöne Lummerland!

Jeder sollte einmal reisen
in das schöne Lummerland!

So, Feierabend, Emma!

„**Dolls United** war ein Dancefloor-Projekt, das 1995 mit Remixen von Liedern aus bekannten Kinderserien erfolgreich war. Ihr erfolgreichstes Lied war „Eine Insel mit zwei Bergen" aus der Augsburger Puppenkiste."[24]

Opas Lieder

Adrians Opa, mein Vater, hat immer gearbeitet. Kaum kam er vom Büro nach Hause, hüpfte er in den Blaumann und verschwand in der heimischen Werkstatt, oder er ging zu den Nachbarn, bei denen er etwas reparieren musste. Während meine Schulfreunde vom „dolce Vita" berichteten und braun gebrannt aus den Ferien kamen, war ich bis zu meinem 11. Lebensjahr nie in den Urlaub gefahren. Mein Vater hatte unser Haus aus einer Insolvenzmasse im Rohbaustadium ersteigert. Seitdem hatte er alles selbst gemacht. Es gab viel zu viel zu tun, um an Urlaub zu denken und wir vier Kinder mussten immer fleißig mithelfen. Zu meinem 12. Geburtstag rebellierten meine jüngste Schwester und ich. Wir wollten auch mal nach Italien fahren. Unsere Nachbarn unterstützten uns und überredeten meine Eltern mit nach Lignano zu fahren, wo sie für uns eine Ferienwohnung gleich neben ihrer buchen konnten. Während wir Sandburgen bauten oder im warmen Wasser tobten, fehlte meinem Vater eine sinnvolle Beschäftigung. Im Winter hatte er das Skifahren, aber was könnte er im Sommer tun? In den späten Siebziger Jahren konnte man an den bayerischen Seen erste dreieckige Segel sehn, die von einer Person, die auf einem Surfboard stand, gehalten wurde und erstaunliche Geschwindigkeiten erreichten. Mein Vater, der immer von einem Segelboot geträumt hatte, aber wegen eines viel zu teuren Liegeplatzes, seinen Traum nie realisiert hatte, entdeckte im Windsurfen eine echte Alternative. Seitdem war jedes Jahr der Urlaub mit

---

[24] Seite „Dolls United". In: Wikipedia – Die freie Enzyklopädie. Bearbeitungsstand: 30. Dezember 2020, 12:38 UTC.
URL: https://de.wikipedia.org/w/index.php?title=Dolls_United&oldid=207063417 (Abgerufen: 9. Oktober 2021, 17:12 UTC)

den jeweils aktuellsten Brettern und Riggs ein fester Be-
standteil unseres neuen Sommersports.
Seemannslieder gehörten zu den Lieblingsliedern von Adrians Opa.

♪ Ick heff mol
en Hamborger Veermaster sehn
19. Jahrhundert, Volkslied

Ick heff mol en Hamborger Veermaster sehn,
to my hooday, to my hooday.
Se Masten so scheef as den Schipper sien Been,
to my hooday, hooday ho.

Blow, boys, blow for Californio.
There is plenty of gold, so I am told
on the banks of Sacramento.

Dat Deck weer von Isen, vull Schiet un vull Smeer,
to my hooday, to my hooday.
Dat weer de Schietgäng ehr schönstes Pläseer,
to my hooday, hooday ho.

Blow, boys, blow for Californio.
There is plenty of gold, so I am told
on the banks of Sacramento.

Dat Logis weer vull Wanzen, de Kombüs weer vull Dreck,
to my hooday, to my hooday.
De Beschütten, de löpen von sülben all weg,
to my hooday, hooday ho.

Blow, boys, blow for Californio.
There is plenty of gold, so I am told
on the banks of Sacramento.

Dat Soltfleesch weer grön, un de Speck weer vull Moden,
to my hooday, to my hooday.
Köm gev dat bloß ann Wiehnachtsavend,
to my hooday, hooday ho.

Blow, boys, blow for Californio.
There is plenty of gold, so I am told
on the banks of Sacramento.

Un wulln wi mol seiln, ick segg dat jo nur,
to my hooday, to my hooda.
Denn lööp he dree vörut und veer wedder retur,
to my hooday, hooday ho.

Blow, boys, blow for Californio.
There is plenty of gold, so I am told
on the banks of Sacramento.

As dat Schipp, so weer ok de Kaptein,
to my hooday, to my hooday.
De Lüüd för dat Schipp, de weern ok blots schangheit,
to my hooday, hooday ho.

Blow, boys, blow for Californio.
There is plenty of gold, so I am told
on the banks of Sacramento.

Text und Melodie: mündlich überliefert 19. Jahrhundert

♪ Wir lieben die Stürme

1930, Jugendlied

Wir lieben die Stürme,
die brausenden Wogen,
der eiskalten Winde
raues Gesicht.
Wir sind schon der Meere
so viele gezogen,
und dennoch sank
unsere Fahne nicht.

**Heijo, heijo, heijo, heijo, heijoho,
heijo, heijoho, heijo!**

**Heijo, heijo, heijo, heijo, heijoho,
heijo, heijoho, heijo!**

Unser Schiff gleitet stolz
durch die schäumenden Wogen.
Es strafft der Wind
unsere Segel mit Macht.
Seht ihr hoch oben
die Fahne sich wenden,
die blutrote Fahne?
Ihr Seeleut habt acht!

**Heijo, heijo, heijo, heijo, heijoho,
heijo, heijoho, heijo!**

**Heijo, heijo, heijo, heijo, heijoho,
heijo, heijoho, heijo!**

Ja, wir sind Piraten
und fahren zu Meere.
Wir fürchten nicht Tod
und den Teufel dazu.
Wir lachen der Feinde
und aller Gefahren.

Am Grunde des Meeres
erst finden wir Ruh!

**Heijo, heijo, heijo, heijo, heijoho,
heijo, heijoho, heijo!**

**Heijo, heijo, heijo, heijo, heijoho,
heijo, heijoho, heijo!**

Text und Melodie: mündlich überliefert um 1930 aus der
Jugendbewegung.

Das Dschungelbuch

Die Inszenierung des Dschungelbuches als Sporttheater-
musical war der Durchbruch des Münchner Sporttheater-
Ensembles im Jahre 1990. Zu dieser Zeit wurde der Disney-
Zeichentrick-Klassiker nur zu Weihnachten in ausgewähl-
ten Kinos gezeigt. Eine Fernsehversion oder Video-Auf-
zeichnung auf den damals gängigen VHS-Kassetten gab es
nicht. Lediglich das Hörspiel auf Schallplatte mit den Syn-
chronstimmen z.b. von Edgar Ott als Balu, den Bären, oder
Klaus Havenstein als King Louie machten das Stück in allen Kinderzimmern populär. Jeder Song des Films war ein
Schlager. Der größte Gesangsauftritt meiner Karriere war
die Rolle des Affenkönigs King Louis.
Immer wenn es Bananen gibt, sage ich: „Hier zwei Bananen" und schon denke ich an den coolen Affensong.

♪ Ich wäre gern wie Du

1967, Interpret: Klaus Havenstein als King Louis, der Af-
fenkönig, aus Disneys Dschungelbuch, deutscher Text:
Heinrich Riethmüller, Musik: Sherman-Brüder

Ich bin der König im Affenstaat,
der größte Klettermax.
Spring ohne Hast von Ast zu Ast,

das ist für Sportler ein Klacks.
Ich würde lieber auch Mensch sein
und trollen durch die Stadt.
So'n Mensch hat's gut,
ich aber hab'
das Affenleben hier satt.

Oh dubidu (hubgiwi),
ich wäre gern wie duhuhu (habdibudibubao)!
Ich möchte gehn wie du (tschip),
stehn wie du (tschib),
duhuhu (wibidibidi).

Du wirst schon sehn, uhu (schubidu),
ein Affe kann, kann, kann (schubidubidubi),
sein wie ein Mann,
so ein Mann, wie duhuhu!

„Brüderchen Louis, du warst große Klasse!"
„Nun hab´ ich aber auch eine Bitte an Dich.
Verrat mir das Geheimnis, wie die Menschen Feuer machen?"
„Davon versteh ich auch nichts!"

Ich möchte es aber wissen,
es war so abgemacht.
Sei nicht gemein,
vom Feuerschein
träum' ich die ganze Nacht.
Nun sag' mir schon das Geheimnis,
komm' schon, und dann lass' ich dich in Ruh'!
Die Feuerpracht
gibt mir die Macht
genau zu sein wie du.

Oh dubidu (hubgiwi)!
ich wäre gern wie duhuhu (habdibudibubao)!
Ich möchte gehn wie du (tschip)!

**Stehn wie du (tschub),
duhuhu (wibidibidi)!**

Du wirst schon sehn, uhu (schubidu)
Sogar ein Gänserich,
ein Sonnenstich kann so sein wie ich.

Komm her, mein Süßer!

Ein Mückenstich kann so sein wie ich.
Noch einmal, ja!
Hört nur auf mich und ihr seid wie ich!

„Klaus Havenstein (* 7. April 1922 in Wittenberge;
† 19. März 1998 in München) war ein deutscher Schauspieler, Kabarettist, Moderator, Hörspiel- und Synchronsprecher. ... Bei der deutschen Synchronisation des Affenkönigs „King Louie" in der Walt-Disney-Verfilmung des
Dschungelbuchs (1967) übernahm Havenstein sowohl den
Sprech- als auch den Gesangspart."[25]

♪ Probier's
mal mit Gemütlickeit

1967, Interpret: Edgar Ott als Balou, der Bär aus Disneys
Dschungelbuch, deutscher Text: Heinrich Riethmüller,
Musik: Sherman-Brüder

**Probier´s mal
mit Gemütlichkeit, mit Ruhe und Gemütlichkeit,
jagst du den Alltag und die Sorgen weg
und wenn du stets gemütlich bist
und etwas appetitlich ist,**

---

[25] Seite „Klaus Havenstein (Schauspieler)". In: Wikipedia – Die freie En-
zyklopädie. Bearbeitungsstand: 7. März 2021, 20:03 UTC.
URL: https://de.wikipedia.org/w/index.php?title=Klaus_Havenstein_(
Schauspieler)&oldid=209560238 (Abgerufen: 9. Oktober 2021, 17:24
UTC)

dann nimm es dir egal von welchem Fleck.

Was soll ich woanders, wo es mir nicht gefällt?
Ich gehe nicht fort hier, auch nicht für Geld!
Die Bienen summen in der Luft,
erfüllen sie mit Honig Duft
und schaust du unter den Stein,
erblickst du Ameisen, die hier gut gedeih'n.

„Probier mal, zwei, drei, vier!"
„Ist das dein Ernst?"
„Haha, es gibt nichts Besseres! Das ist ein herrliches Gefühl, wenn die kitzeln!

Denn mit Gemütlichkeit kommt auch das Glück zu dir,
es kommt zu dir!

Probier's mal
mit Gemütlichkeit, mit Ruhe und Gemütlichkeit,
vertreibst du deinen ganzen Sorgenkram
und wenn du stets gemütlich bist
und etwas appetitlich ist,
dann nimm es dir egal woher es kam.

Na, und pflückst du gerne Beeren
und du pickst dich dabei?
Dann lass dich belehren,
Schmerz geht bald vorbei:
Du musst bescheiden, aber nicht gierig im Leben sein,
sonst tust du dir weh.
Du bist verletzt und zahlst nur drauf, darum pflücke
gleich, mit dem richtigen Dreh!

„Hast du das jetzt kapiert?"
„Vollkommen, Danke Balu!"

Denn mit Gemütlichkeit kommt auch das Glück zu dir!
„Du hast wirklich recht!"
Es kommt zu dir!

„**Edgar Ott** (* 2. Juli 1929 in Berlin-Dahlem; † 13. Februar 1994 in Berlin) war ein deutscher Schauspieler, Hörspielsprecher und Synchronsprecher. … Seine Stimme ist in zahlreichen Walt-Disney-Filmen zu hören. Als Balu, der Bär, sang er in dem Film >Das Dschungelbuch< den Song >Probier's mal mit Gemütlichkeit<."[26]

Militär

Zu meiner Wehrpflichtzeit gab es in der Grundausbildung ein blaues Büchlein mit dem Titel „Lieder der Bundeswehr". Einmal pro Woche mussten wir singen. Kein einziges Lied hatte mir gefallen. Das ist beim Lied von Colonel Hathis aus dem Dschungelbuch ganz anders. Zum Wandern gibt es nicht besseres!

♪ Colonel Hathis Marsch

1967, Interpret: Peter Cornehlsen-Chor, deutscher Text: Heinrich Riethmüller, Musik: Sherman-Brüder

Kompanie, ein Lied!
Stets ein Lied beim Marsch parat,
das ist wichtig, Kamerad!
Schmetter den Choral über Berg und Tal,
wenn die Frühpatroille naht,
wenn die Frühpatroille naht.

Happ, zwei, drei vier, haltet Trapp, zwei, drei vier!

Munter schreiten durch die Flur,
Elefanten mit Bravour

---

[26] Seite „Edgar Ott". In: Wikipedia – Die freie Enzyklopädie. Bearbeitungsstand: 25. September 2021, 07:49 UTC. URL: https://de.wikipedia.org/w/index.php?title=Edgar_Ott&oldid=2 15874047 (Abgerufen: 9. Oktober 2021, 17:28 UTC)

und sie stapfen stolz durch das Unterholz,
das ist Millitärkultur,
das ist Millitärkultur!

„Du da, was machst du denn da?"
„Pssst! Exerzieren."
„Darf ich mitmachen?"
„Klar. Du musst mir alles nachmachen. Aber im Glied
nicht sprechen, das darf man als Soldat nicht!"

„Abteilung- keeeehrt marsch!!!"
„Du musst anders lang. Dreh´dich um!"

„Rechts, zwei, drei, vier, aufgepasst, zwei, drei, vier.
Das ganze keeeehrt marsch. Kompanie HALT!"

„Das Dschungelbuch (Originaltitel: The Jungle Book) ist
der 19. abendfüllende Zeichentrickfilm der Walt-Disney-
Studios. Es basiert auf Motiven der Dschungelbuch-Erzäh-
lungen von Rudyard Kipling, verarbeitet diese aber frei zu
einer völlig anderen Geschichte. Der Film wurde am 18.
Oktober 1967 veröffentlicht und war der letzte Zeichentrickfilm in Spielfilmlänge, der noch von Walt Disney
selbst produziert wurde. ... Für die Popularität des Films
waren nicht zuletzt die Lieder verantwortlich, die von
Richard M. Sherman und Robert B. Sherman geschrieben
wurden."[27]

Schokolade
Adrian war gerade mal ein Jahr alt. Wir hatten immer auf
gesunde, zuckerfreie Ernährung geachtet. Meine Frau
Manu hatte am Ostersonntag leider Dienst. Als Entschädi-
gung wurden mein kleiner Sohn und ich von unseren

---

[27] Seite „Das Dschungelbuch (1967)". In: Wikipedia – Die freie Enzyklopädie. Bearbeitungsstand: 26. April 2021, 09:21 UTC.
URL: https://de.wikipedia.org/w/index.php?title=Das_Dschungelbuch
_(1967)&oldid=211326198 (Abgerufen: 9. Oktober 2021, 17:33 UTC)

Nachbarn zum Osterfrühstück eingeladen. Es erwartete uns ein reichlich gedeckter Tisch und so konnten wir auch ohne Mama ein großartiges Osterfest feiern. Als mein Blick durch den Raum wanderte, musste ich zweimal hinschauen, denn ich konnte es erst gar nicht richtig zuordnen. Adrian trug plötzlich einen Vollbart!? Er hatte völlig unbemerkt einen kleinen Schokoladen-Osterhasen ausgepackt und komplett verspeist bzw. die Schokolade im gesamten Gesicht verschmiert. Seit diesem Tag ist er ein absoluter Schokoladen-Fan. Nikolaus und Ostern sind die Termine, an denen sich die Schokolade nur so stapelt. Gerne teilt er seine Schätze mit Freunden und auch mit uns. Spätestens seit der Corona-Pandemie nähen allerdings kleine Wesen, Kalorien genannt, über Nacht meine Hosen enger und enger. Da nützt mir nur noch folgender Hilferuf: „Ich will keine Schokolade!"

♪ Ich will keine Schokolade

1960, Interpretin: Trude Herr, Text: Carl-Ulrich Blecher, Musik: Jack Morrow

Ich lebe unerhört solide
und habe nie ein Rendezvous.
Ich gehe höchstens mit den Eltern,
ein Stück spazieren ab und zu.
Mein Vater sagt, so muss das bleiben
und dafür schenkt er mir Konfekt.
Doch neulich platzte mir der Kragen,
weil mir Konfekt nun mal nicht schmeckt!

Ich will keine Schokolade,
ich will lieber einen Mann,
ich will einen, der mich küssen
und um den Finger wickeln kann!

Ich hatte neulich grad Geburtstag
und diesen Tag vergess' ich nie,

denn alle Tanten und Verwandten
waren mit von der Partie.
Sie brachten Rosen und Narzissen
und Schokolade zentnerschwer,
da hat's mich plötzlich fortgerissen,
ich schrie: "Ich will das Zeug nicht mehr!".

Ich will keine Schokolade,
ich will lieber einen Mann,
ich will einen, der mich küssen
und um den Finger wickeln kann.

Ich kaufte Sonntag auf dem Rummel
für 20 Pfenning mir ein Los.
Ich hab auch wirklich was gewonnen,
doch die Enttäuschung, die war groß.
Denn ich gewann dort einen Teddy
aus Schokolad' und Marzipan.
Den schmiss' ich wütend in die Menge
und schrie den Losverkäufer an:

Ich will keine Schokolade,
ich will lieber einen Mann,
ich will einen, der mich küssen
und um den Finger wickeln kann.
Ich will einen, der mich küssen
und um den Finger wickeln kann.

„**Trude Herr** (* 4. Mai 1927 in Köln; † 16. März 1991 in Lauris bei Aix-en-Provence in Frankreich) war eine deutsche Schauspielerin, Schlagersängerin und Theaterdirektorin."[28]

---

[28] Seite „Trude Herr". In: Wikipedia – Die freie Enzyklopädie. Bearbeitungsstand: 27. September 2021, 19:02 UTC.
URL: https://de.wikipedia.org/w/index.php?title=Trude_Herr&oldid=215941560 (Abgerufen: 9. Oktober 2021, 17:37 UTC)

Der Dorfladen

Seit dem ersten Tag im Kindergarten, ist Adrian Stammkunde im Dorfladen. Er begrüßt den Ladeninhaber mit „Hallo Toni" und ist bei den Angestellten und Kunden bekannt, wie ein bunter Hund. Hier gibt es die Breze nach einem langen Kindergartentag oder auch das Magazin, auf dem immer ein kleines Spielzeug auf die Titelseite geklebt ist. Der Dorfladen ist Post, Supermarkt, Bäcker, Cafe, Mittagsversorgung und Kiosk in einem Laden.

♪ Kiosk

1976, Rumpelstilz

Also!
Er sammle für 'nen guten Zweck,
sagt der Fritz, der vor mir steht.
Dabei muss ich selber sammeln,
wenn das so weiter geht.

Alle wollen etwas von mir,
das Finanzamt sowieso
und an dieser Weltmaschine
geht die stärkste Kuh k.o.

Später heisst´s in meiner Kneipe:
"Du, bezahle mir noch ein Bier."
Aber ich bin völlig abgebrannt,
ich kann doch nichts dafür.

Und da kommt schon wieder einer:
"Hast du 'ne Zigarette, Mann?"
Ich gebe ihm meine letzte,
und ich zünde sie auch noch an.

**Leute,
bin ich denn ein Kiosk?**

Oder bin ich etwa 'ne Bank?
Oder sehe ich aus wie ein Hotel,
oder wie ein Kassenschrank?

Leute,
bin ich denn ein Kiosk?
Oder bin ich etwa 'ne Bank?
Oder sehe ich aus wie ein Hotel,
oder wie ein Kassenschrank?

Ja, da kommt so ein wilder Hippie
mit geflicktem Hosenbein
und fragt mich überfreundlich;
kannst du mir 'nen Fünfer leih'n?

Kaum zehn Meter weiter,
da quatscht mich jemand an.
Er hätte grad kein Kleingeld für die
Fahrt mit der Straßenbahn.

Ich schieb mit einen Lolly rein
und ein Mädchen lächelt nett.
Ihre Wimpern klimpern und sie fragt,
 ob ich noch einen hätt'.

Sie könnte nirgends schlafen
und wollte mit zu mir.
Doch hat man mir gekündigt.
Ich stehe selber vor der Tür.
(2x der Refrain)
Leute,
bin ich denn ein Kiosk?
Oder bin ich etwa 'ne Bank?
Oder sehe ich aus wie ein Hotel,
oder wie ein Kassenschrank?

(2x der Refrain)
Bin ich Gottfried Stutz ein Kiosk?
Oder bin ich etwa 'ne Bank?

**Oder sehe ich aus wie ein Hotel,
oder wie ein Kassenschrank?**

„**Rumpelstilz** war eine Schweizer Mundartrock-Band. …
Mit der hochdeutschen Single >Kiosk< wurde Rumpelstilz
auch in Deutschland bekannt und erreichte 1977 die deutschen Singlecharts."[29]

Roboter

Der ratlose Rudi (siehe Captain Starlight) ist zweifellos der
Lieblingsroboter meines Sohnes. Wenn nun aber Adrian
selbst zum Roboter wird, geht kein Weg an der Gruppe
„Kraftwerk" vorbei. Das Lied „Die Roboter" und das entsprechende Video gehören zu Adrian´s TOP 10.

---

[29] Seite „Rumpelstilz (Band)". In: Wikipedia – Die freie Enzyklopädie.
Bearbeitungsstand: 26. Januar 2021, 15:38 UTC.
URL: https://de.wikipedia.org/w/index.php?title=Rumpelstilz_(Band)
&oldid=208101389 (Abgerufen: 9. Oktober 2021, 17:45 UTC)

♪ Die Roboter
1978, Kraftwerk

Wir laden uns´re Batterie.
Jetzt sind wir voller Energie!

Wir sind die Roboter, wir sind die Roboter.
Wir sind die Roboter, wir sind die Roboter.

Wir funktionier´n automatik.
Jetzt woll´n wir tanzen mechanik.

Wir sind die Roboter, wir sind die Roboter.
Wir sind die Roboter, wir sind die Roboter.

Ja tvoi sluga *(ich bin dein Sklave).*
Ja tvoi rabotnik *(Ich bin dein Arbeiter).*
Ja tvoi sluga.
Ja tvoi rabotnik.

Wir sind auf alles programmiert
und was du willst wird ausgeführt.

Wir sind die Roboter, wir sind die Roboter.
Wir sind die Roboter, wir sind die Roboter.

Wir funktionier´n automatik,
jetzt woll´n wir tanzen mechanik.

Wir sind die Roboter, wir sind die Roboter.
Wir sind die Roboter, wir sind die Roboter.

Ja tvoi sluga *(ich bin dein Sklave).*
Ja tvoi rabotnik *(Ich bin dein Arbeiter).*
Ja tvoi sluga.
Ja tvoi rabotnik.

Wir sind die Roboter wir sind die Roboter.
Wir sind die Roboter wir sind die Roboter.

Wir sind die Roboter wir sind die Roboter.
Wir sind die Roboter wir sind die Roboter.

„Kraftwerk ist eine deutsche Band aus Düsseldorf, die 1970 von Ralf Hütter und Florian Schneider gegründet wurde. Kraftwerk gilt als wesentlicher Mitbegründer der Düsseldorfer Schule in der elektronischen Musik und wird auch als Multimedia-Projekt bezeichnet."[30]

♪ Und der Haifisch, der hat Zähne
1928, Bertolt Brecht

Wenn ich an Bertold Brecht denke, denke ich an das Lied von Mackie Messer.
Die Dreigroschenoper, die ich mir als junger Mensch im Münchner Volkstheater angesehen hatte, konnte allerdings damals meine Erwartungen nicht erfüllen. Nur der Refrain von Mackie Messer blieb mir in Erinnerung und den trällere ich noch heute öfters vor mich hin.
Die etwas verwirrende Handlung des Stückes, die Doppelmoral der Gesellschaft, das hin und her an Verhaftungen, Flucht und Verrat, kann man einem Kind nicht erklären.
Da der Refrain der Moritat von Mackie Messer so eingängig ist und ich ihn mit Adrian so gerne singe, habe ich versucht mit einigen wenigen neuen Textzeilen das Lied kurz und knackig zu einem Ende zu führen.

---

[30] Seite „Kraftwerk (Band)". In: Wikipedia – Die freie Enzyklopädie. Bearbeitungsstand: 28. September 2021, 18:54 UTC. URL: https://de.wikipedia.org/w/index.php?title=Kraftwerk_(Band)&oldid=215968651 (Abgerufen: 9. Oktober 2021, 17:46 UTC)

„Und der Haifisch, der hat Zähne
und die trägt er im Gesicht.
Und der Mackie hat ein Messer,
doch das Messer sieht man nicht."[31]

Der Inspektor hat ´ne heiße Spur,
doch die heiße Spur ist plötzlich kalt.
Denn der Mackie warf sein Messer
mit Beweisen in den Wald.

Und der Haifisch mit den Zähnen
verirrte sich in den Fluss.
Mackie stolpert auf der Brücke,
stürzt ins Wasser, dann war Schluss!

„Bertolt Brecht (auch Bert Brecht; * 10. Februar 1898 als Eugen Berthold Friedrich Brecht in Augsburg; † 14. August 1956 in Ost-Berlin) war ein einflussreicher deutscher Dramatiker, Librettist und Lyriker des 20. Jahrhunderts. Seine Werke werden weltweit aufgeführt."[32]

Endlich mal gewonnen

Ich bin überzeugt, dass eines Tages Adrian mit seinen Sportkameraden einen wichtigen Wettkampf gewinnen wird. Dann werden wir für die Siegesfeier mit dem richtigen Song gewappnet sein.

---

[31] Die Moritat von Mackie Messer wurde 1928 im Theaterstück „Die Dreigroschenoper" aufgeführt. Der Text stammt von Bertold Brecht, die Musik von Kurt Weill.

[32] Seite „Bertolt Brecht". In: Wikipedia – Die freie Enzyklopädie. Bearbeitungsstand: 27. Juli 2021, 07:02 UTC.
URL: https://de.wikipedia.org/w/index.php?title=Bertolt_Brecht&oldid=214241243 (Abgerufen: 30. August 2021, 20:12 UTC)

♪ We are the Champions

1977, Freddie Mercury mit der Gruppe Queen

I've paid my dues.
Time after time.
I've done my sentence,
but committed no crime.
And bad mistakes.
I've made a few.
I've had my share of sand
kicked in my face,
but I've come through.
And we mean to go on and on and on and on.

We are the champions - my friends.
And we'll keep on fighting,
till the end.
We are the champions!
We are the champions!
No time for losers,
'cause we are the champions, of the World!

I've taken my bows
and my curtain calls.
You brought me fame and fortune
and everything that goes with it.
I thank you all,
but it's been no bed of roses.
No pleasure cruise.
I consider it a challenge before
the whole human race
and I ain't gonna lose.
And we mean to go on and on and on and on.

We are the champions - my friends!
And we'll keep on fighting,
till the end.
We are the champions!
We are the champions!

No time for losers,
'cause we are the champions, of the World!

We are the champions - my friends!
And we'll keep on fighting,
till the end!
We are the champions!
We are the champions!
No time for losers,
'cause we are the champions!

„**Freddie Mercury** (* 5. September 1946 als Farrokh Bulsara in Sansibar, Sultanat Sansibar; † 24. November 1991 in Kensington, London) war ein britischer Musiker und einer der bedeutendsten Rocksänger der 1970er und 80er Jahre. Er wurde als Mitbegründer, Komponist und Leadsänger der Band Queen bekannt. Mercury komponierte Welthits wie >Bohemian Rhapsody< (1975) oder >We Are the Champions< (1977).
Queen ist eine 1970 gegründete britische Rockband. Ihre Besetzung mit Freddie Mercury, Brian May, Roger Taylor und John Deacon blieb zwei Jahrzehnte lang unverändert. Die Musik der Gruppe ist durch große stilistische Vielfalt gekennzeichnet, und alle Bandmitglieder waren wesentlich am Songwriting beteiligt."[33]

Der Winter kommt

Der erste Schneefall am Ende des Jahres hat eine unglaubliche Faszination. Das Naturwunder Schnee verzaubert unsere Welt. Man muss hinaus, um Ihn zu fühlen, um Schneebälle zu werfen, zu rutschen, zu rodeln, Ski zu fahren. Wie romantisch wären es doch, mal wieder weiße Weihnachten zu haben.

---

[33] Seite „Freddie Mercury". In: Wikipedia – Die freie Enzyklopädie. Bearbeitungsstand: 8. Oktober 2021, 23:52 UTC.
URL: https://de.wikipedia.org/w/index.php?title=Freddie_Mercury&oldid=216222853 (Abgerufen: 9. Oktober 2021, 17:52 UTC)

♪ Es schneit

1992, Rolf Zuckowski

Es schneit, es schneit,
kommt alle aus dem Haus!
Die Welt, die Welt
sieht wie gepudert aus!
Es schneit, es schneit,
das müsst ihr einfach sehn.
Kommt mit, kommt mit!
Wir wollen rodeln gehen.

Wir laufen durch die weiße Pracht
und machen eine Schneeballschlacht.
Aber bitte nicht
mitten ins Gesicht.

Es schneit, es schneit,
kommt alle aus dem Haus!
Die Welt, die Welt
sieht wie gepudert aus!
Es schneit, es schneit,
das müsst ihr einfach sehn.
Kommt mit, kommt mit!
Wir wollen rodeln gehen.

Wir holen unsre Schlitten raus
und laufen in den Wald hinaus.
Und dann bauen wir
den Schneemann vor der Tür.

Es schneit, es schneit,
kommt alle aus dem Haus!
Die Welt, die Welt
sieht wie gepudert aus!
Es schneit, es schneit,
das müsst ihr einfach sehn.

Kommt mit, kommt mit!
Wir wollen rodeln gehen.

Aus grau wird weiß, aus laut wird leis.
Die Welt wird zugedeckt.
Und von der Frühlingssonne
wird sie wieder aufgeweckt

Es schneit, es schneit!
Kommt alle aus dem Haus!
Die Welt, die Welt
sieht wie gepudert aus!
Es schneit, es schneit,
das müsst ihr einfach sehn.
Kommt mit, kommt mit!
Wir wollen rodeln gehen.

Es schneit, es schneit, es schneit!

„**Rolf Zuckowski** (*12. Mai 1947 in Hamburg) ist ein deutscher Musiker, Komponist, Musikproduzent und Autor von Kinderliedern. Zuckowski zählt mit über 20 Millionen verkauften Tonträgern zu den kommerziell erfolgreichsten Künstlern in Deutschland."[34]

---

[34] Aus WikipediaSeite „Rolf Zuckowski". In: Wikipedia – Die freie Enzyklopädie. Bearbeitungsstand: 6. Juni 2021, 11:28 UTC.
URL: https://de.wikipedia.org/w/index.php?title=Rolf_Zuckowski&ol did=212724113 (Abgerufen: 9. Oktober 2021, 17:53 UTC)

♪ Der Weihnachtsmann kommt (Eine Muh, eine Mäh, eine Täterätätä)

1914, Wilhelm Lindemann

Wenn der Weihnachtsbaum uns lacht,
wenn die Glocke bim-bam macht,
kommt auf leisen Sohlen,
Ruprecht an verstohlen.
Zieht mit vollen Säcken ein,
bringt uns Bäckerleckerein
und packt unter Lachen
aus die schönsten Sachen.
Außer Kuchenzeug
bringt noch der Gute euch:

**Eine Muh, eine Mäh,
eine Täterätätä,
eine Tute, eine Rute,
eine Hopp-Hopp-Hopp-Hopp,
eine Diedeldadeldum,
eine Wau-Wau-Wau,
ratatsching-daderatabum.**

Wenn der Schnee zum Berg sich türmt,
wenn es draußen friert und stürmt,
um die Weihnachtslichter
fröhliche Gesichter.
Alle Stuben blitzeblank,
denn es kommt mit Poltergang
durch die Luft, die kalte,
Ruprecht an, der alte.
Außer Kuchenzeug
bringt noch der Gute euch:

**Eine Muh, eine Mäh,
eine Täterätätä,
eine Tute, eine Rute,
eine Hopp-hopp-hopp-hopp,**

eine Diedeldadeldum,
eine Wau-wau-wau,
ratatsching-daderatabum.

„Wilhelm Lindemann (*5. April 1882 in Berlin; †8. Dezember 1941 ebenda) war ein deutscher Sänger und Musiker, Textdichter und Schlagerkomponist. Er war auch unter dem Pseudonym „Fritze Bollmann" bekannt."[35]

---

[35] Seite „Wilhelm Lindemann (Komponist)". In: Wikipedia – Die freie Enzyklopädie. Bearbeitungsstand: 31. Oktober 2020, 05:22 UTC. URL: https://de.wikipedia.org/w/index.php?title=Wilhelm_Lindemann_(Komponist)&oldid=205040507 (Abgerufen: 9. Oktober 2021, 17:55 UTC)

Songtexte in alphabetischer Reihenfolge

Weitere Bücher des Autors

Bonus

Zum Ende der Kindergartenzeit hat Adrian so manches Mal Lieder vor sich hin geträllert, über deren Liedzeilen ich erstaunt war. Er sang eine bekannte Melodie. Da ihm aber der Text nicht mehr so richtig in Erinnerung war, erfand er einen neuen Songtext. Seitdem ist Reimen hoch im Kurs. Das war der Anlass, zusammen ein Lied zu schreiben. Herausgekommen ist folgender Song, mit dem Titel: „Die Kuh".

♪ Die Kuh

Ich bin ei- ne Blu- me! Du bist ei-

ne Kuh! Muh! Du woll- test mich zwar fres- sen, zum

Glück hast du's ver- ges- sen. Jetzt knab- berst du

am Gras. Auch das macht sehr viel Spaß!

Demnächst erscheinende Kinderbücher des Autors

„Black Rose, der versunkene Schatz"

Teil 1: „Die Entscheidung"

Teil 2: „Die Mission"

Teil 3: „Der Spiegel"

„Black Rose" erzählt die Geschichte zu einer Zeit als die Welt noch aus zwei Kontinenten bestand. Der Nordkontinent „Terra Laurasia" war das reiche, fruchtbare Königreich der Prinzessin Aylin.

Auf dem unfruchtbaren und dunkeln Südkontinent, der „Terra Gondwana" verhüllte permanent eine dicke Wolkendecke die Sonne. Schuld daran waren die Nordwinde, die auf dem Ozean herrschten und alle Wolken in den Süden schoben. Prinzessin Aylin, die Hüterin des Schatzes des Nordens, wollte den armen Menschen auf Terra Gondwana helfen. Mit ihrem Schatz, einem magischen Spiegel, der in der Lage war, das Sonnenlicht so zu bündeln, dass die Kräfte der stürmenden Nordwinde gebrochen werden konnten, wollte sie Hilfe leisten. Eines Morgens sandte sie ihr bestes Schiff, die Black Rose, gen Süden aus, um diesen Spiegel den Südmenschen zu überbringen. Doch nicht alle Menschen unterstützten diese Mission.

Text: Peter K. J. Birlmeier
Bilder: Marlene Gambietz